人力资源管理
资深HR教你从入门到精通

HUMAN RESOURCE MANAGEMENT

温礼杰 著

中华工商联合出版社

推荐序

作为一家专门负责IPO上市的投资公司，我们在筛选企业时特别注重企业的发展历程、核心团队、文化建设等信息，从这里就能看出一家企业人力资源工作的水平。

老板，不管你的企业属于什么领域，不管你的企业有什么产品，不管你的企业有过什么历程，最终你都在从事一个行业——经营人。

一个企业在创立之初，都是老板带着几个熟人亲自下场干。随着企业规模的扩大、业务量的增加，老板需要将自己从日常事务中解放出来，站高一线规划企业发展方向。同时，老板要将具体事务工作逐级拆分、逐级分工、逐级下放，交给合适的人来做。

我们见过太多这样的老板，他们的思维一直停留在"经营事"上面，所以容易陷入具体事务的"海洋"之中，企业的发展也会遇到瓶颈。要想实现企业业绩和规模的突破，老板就需要实现思维的突破，从"经营事"转变为"经营人"，从"自己把事情搞定"转变为"通过人把事情搞定"。

当企业规模尚小时，老板重点要看自己的业务能力；当企业规模扩大时，老板重点要看企业的人才建设。

放眼望去，凡是能将企业做大、做强、做久的老板，凡是能将企业从零开始一直做到IPO上市的老板，他们无不是做对了三件事——搭班子、定战略、带队伍，而这三件事都与人有关，一切规划的落地都要靠人来执行，一切优秀执行的背后都有足够的人力资源规划。

正因为如此，所以有句话叫作"宁可要三流的战略加一流的执行，也不要一流的战略加三流的执行"。

这时，人力资源工作就显得无比重要，它直接决定了你搭了什么样的班子，带了什么样的团队，依靠什么样的人来完成工作。

因此，在选择IPO上市的投资企业时，我们更看重善于"经营人"的老板，看重善于将每个人的优势发挥到极致的团队，以及善于将人才建设落到实处的企业。

汉高祖刘邦说："夫运筹策帷帐之中，决胜于千里之外，吾不如子房；镇国家，抚百姓，给馈饷，不绝粮道，吾不如萧何；连百万之军，战必胜，攻必取，吾不如韩信。此三者，皆人杰也，吾能用之，此吾所以取天下也。"

人人都想建功立业，但经过我们常年与一些民营企业的接触，发现老板最容易忽视的便是人力资源工作，误解最多的也是人力资源工作。

原因一，很多老板都不是人力资源专业出身，并不理解人力资源岗位对企业的重要性，经常把人力资源误认为是"打杂的"。

原因二，很多老板认为人力资源是个"烧钱"的事。为了"节省成本"，一些事情随便找几个人就行了，或者自己把事情干了。

原因三，很多老板甚至不给企业设人力资源岗位，或者连负责人力资源的人都是非专业的，在人才的选、育、用、留方面更是一片空白。

忽视人力资源工作，会带来什么后果呢？企业不是面临缺人的困境，就是要承担"找错人"的代价，甚至会陷入"请神容易送神难"的窘境。

那么，老板若想补上人力资源这一课，我向大家推荐这本《人力资源管理：资深HR教你从入门到精通》，它会为你一步一步展现招人、选人、育人和留人的整个过程，教你如何解决人力资源的问题。

需要特别说明的是，书中不但涵盖了人力资源的全部工作内容，还为你展示了各项工作的细节内容，可操作性很强。只要你运用其中的方法，扎实做好人力资源工作，就定会为你的企业打造过硬的人才队伍。

最后，祝各位老板的企业发展更上一层楼！

深圳市同创伟业创业投资有限公司董事长
郑伟鹤

自　序

为什么人力资源管理是老板必须重视的工作？

大家好，我是华企顾问创始人温礼杰，十多年来我为很多民营企业提供培训和咨询服务，帮助企业提升业绩、实现高效管理。经过长期的接触，我发现大多数老板都有一个共同点：辛（心）苦！

不仅仅是身体上的"辛苦"，关键还有内心的"心苦"。

如果没有订单，老板会因为盈利问题而心苦，于是不停地找渠道、找订单；如果订单来了，老板又会因为交付问题而心苦，于是加班加点地赶交期，身心都得不到解放。

于是，我们看到在很多规模并不大的企业中，老板是最苦、最累的那个人，企业70%以上的业绩都是由老板自己创造的。老板陷入具体的事务中，无法抽出身来，规划企业的未来。

很多人都在问我："为什么中小型民营企业普遍做不大？为什么中小型民营企业的老板是最累、最苦的一类人群？为什么那些大企业的老板反而可以轻松解放自己？"

每被问到这些问题时，我都会指出一个最根本的问题：你忽视了人力资源！

如果你细心统计一下就会发现，企业老板绝大多数都是销售、研发或者生产出身，每个人在自己的领域都积累了非常丰富的经验。在创业初期，老板都是自己下场干，顶多再拉上一些亲戚、朋友。

这种状态一开始还挺好，可随着业务的扩增、规模的扩大，老板会越来越忙，直至身心疲惫。维持过去的业务规模已实属不易，就更别说扩大企业规模了。

回忆一下，此时正在看书的你，是不是就是这样一路走来的呢？

为什么老板会普遍遇到这样的痛苦呢？因为你过去一直在"关注事"，但无论你怎么干，你每天也只有24小时，每周也只有7天，等业务量扩大到一定程度时，你一个人就撑不住了。

怎样突破这个瓶颈呢？你必须实现思维的转变，从"关注事"到"关注人"。只有当你把事情交出去的时候，你才会有时间思考企业发展的方向；只有当你发展出一个团队的时候，企业才能承接逐步扩大的业务量。

企业规模扩大的过程，其实就是将工作逐级拆分、逐级分工、逐级下放的过程，拆分层次越多，规模就越大。这一切，都需要人力资源工作的支撑。

老板只有具备了人力资源管理能力，让企业拥有了足够多的人才梯队，才能将长期的战略落实到位。

如果你不懂人力资源，那么你不但无法扩大企业，而且还可能是自己一路累到底。

那么，老板该如何具备人力资源管理能力呢？这就是本书的核心价值，它能从入门开始教你，一直到让你精通人力资源工作。

这是一本关于人力资源的工具书，你关心的人力资源问题都能从中得到解答：

如何在招聘之前做好充分的准备？

通过什么渠道，能高效地吸引优质人才？

如何精准筛选简历，让你找到内心想要的人才？

如何做好高效的邀约和面试，让你拥有识别人才的"火眼金睛"？

员工入职之后，如何做好培训和管理，让他们快速融入环境、发挥价值？

如何留住和激励关键人才，让你的企业快速壮大？

……

你千万不要认为人力资源管理只是人力资源部的事，老板才是公司中最大的人力资源部部长。只有老板真正重视人力资源工作，人力资源部才能发挥真正的价值和作用。

一旦你熟练运用本书里面的内容，就会发现自己与书中的案例一样，能够依靠人力资源工作迅速拿到结果！

当然，这一切都要在熟悉内容并且实践运用之后才会发生。接下来，祝您通过本书的学习使企业获得长足的发展！

温礼杰

2022年8月

目 录

PART1　招聘与面试

第一章　招聘前的"七件事"

为什么要招人 / 5

招聘需求分析 / 8

明确招聘价值 / 11

制订招聘标准 / 14

招聘者画像 / 17

制订招聘方案 / 21

组建招聘队伍 / 24

第二章　广泛物色人才

选择招聘渠道 / 31

发布职位信息 / 35

新媒体招聘管理 / 38

校园招聘 / 41

社会招聘 / 44

内部招聘 / 47

猎头合作 / 50

第三章 精准筛选简历

简历筛选误区 / 57

筛选简历原则 / 60

筛选简历妙招 / 63

哪些简历值得再看 / 66

第四章 邀约面试者

邀约前的准备工作 / 71

邀约的原则和步骤 / 75

邀约的常用话术 / 79

第五章 面试应聘者

为什么要面试 / 85

面试前的准备工作 / 86

面试方法的选择 / 89

面试的交流与记录 / 93

面试结果的评估 / 97

制订录用方案 / 100

面试的注意事项 / 103

PART2　入职培训与用工管理

第六章　员工录用准备

录用前的相关测试 / 111

录用前的身份核实 / 114

录用前的会面工作 / 117

录用前的风险评估 / 119

录用前的引导工作 / 122

第七章　入职培训

入职培训的目的和意义 / 129

入职培训的组织安排 / 133

入职培训的形式和内容 / 137

入职培训之内训 / 143

入职培训之外训 / 147

第八章　用工管理工作

打造人岗适配系统 / 153

制订岗位用工标准和制度 / 156

设计员工晋升体系 / 160

帮助员工融入"家庭" / 163

为员工绘制职业蓝图 / 167

打造人性化薪酬体系 / 171

改善绩效管理，完善绩效流程 / 174

PART3　留住人才与员工离职

第九章　留住人才的方法

留住人才比招聘人才更重要 / 183

薪水留人 / 186

文化留人 / 189

情感留人 / 191

机制留人 / 194

福利留人 / 198

激励留人 / 201

股权留人 / 204

第十章　员工离职管理

员工离职因素分析 / 209

员工离职的法律问题 / 212

员工离职处理技巧 / 216

不合格员工的辞退工作 / 219

控制员工离职率的方法 / 221

PART1　招聘与面试

　　人力资源管理的核心就是找到合适的人才，招聘与面试工作是至关重要的一步。对于人力资源管理者而言，必须要胜任这份工作。

第一章

招聘前的"七件事"

招聘需求分析

为什么要招人

明确招聘价值

组建招聘队伍

指定招聘标准

制定招聘方案

招聘者画像

为什么要招人

有位老板说："企业不是在招人，就是在招人的路上。"我曾经与某企业有过多年合作，这位老板经营一家化工企业。众所周知，化工企业属于污染型企业，在当下环保政策越来越严格的大环境下，污染型企业都在转型，或者投入更先进的污染治理设备，但是这项工作必须由专业人员来完成。这位老板说："企业环评不达标，就要停止生产。关键是，我们公司没有这方面的人才。这该怎么办？只能找人！"是的，只有"环保行业"的人才，才能帮助这家化工企业解决污染问题。于是，这位老板下命令给人力资源部，由人力资源部部长亲自负责招聘与治理污染相关的人才，并组织成立新部门——环保部。

经过近半年的招聘与组队，这家化工企业成立了环保部，并且拥有了一支由12个专业人才组成的队伍。这个队伍负责企业相关的环保工作，如环评、环保设备安装、调试与维护等工作。人才到位，设备到位，并且对生产部门的员工进行环保方面的培训，形成环保体系。整个工程虽然耗时一年，但是为企业做出了巨大贡献。如今，这家化工企业环评达标，生产条件符合国家要求，企业恢复到整改前100%的生产力。这就是招人的意义之一，为企业补血，解决大问题。当然，这家企业仍然面临较多的问题。环保项目完成了，但是居高不下的生产成本却遏制了企业发展。用企业老板的话说："如果不想方设法调整成本，企业只能坚持一年，一年后资金链断裂，大家伙吃完散伙饭，各回各家，各找各妈。"这不是危言耸听，而是账面上必须要解决的问题。于是，老板组织各部门开会，商讨如何降低生产成本。其实，降低成本的方法不外乎有以下几种。（如图1-1所示）

降低成本的方法

01 在确保物料质量不变的情况下降低采购价格

02 货比三家，寻找更好的采购渠道

03 加强监督，加强流程管理

04 优化生产工艺，提高生产效率，有效避免物料等资源浪费

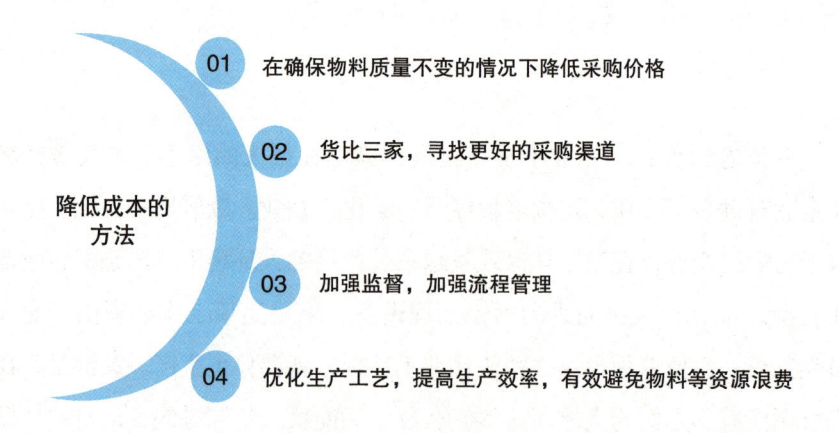

图1-1 降低成本的方法

1.降低采购成本，尤其是物料等采购成本，在确保物料质量不变的情况下降低采购价格。

2.货比三家，寻找更好的采购渠道。

3.加强监督，降低道德风险和职业风险引起的财产损失，加强流程管理，减少"跑冒滴漏"的发生。

4.优化生产工艺，提高生产效率，有效避免物料等资源浪费。

当各个部门将所有的意见和想法摆在纸面上时发现，这家企业最需要解决的问题是优化生产工艺，这就需要对生产设备进行改造、优化、升

级。众所周知，升级、优化生产设备并不是一件容易事，需要相关专业人士参与。但是，这家化工企业缺少这方面的人才，摆在老板面前的选择只有两种：一是高薪聘请专家人才负责相关技术工作；二是将项目整体打包，承包出去。这位老板思来想去，还是选择了前者。这位老板对我说："我还是接受你给我提供的建议，招聘一个专家，让他全权负责。薪水我可以给得高，只要他能帮助企业长期解决这样的难题……"后来，老板三顾茅庐，从南方某科研机构聘请了一位专家。这位专家来单位不到半年时间，就解决了问题。化工企业的基础设备改造、优化后，提升了6%的产能效率，每年可以给企业节省500万元成本。后来，这位专家对其他配套设备也进行了改造升级，效果更加显著了。当然，这只是其中一个方面。企业老板还外聘了一位负责配料配方改良工艺的高手，这位高手对化工产品的配方比例进行了略微调整，每年也可以给企业节省成本200万元。俗话说："花钱容易，赚钱难。"节省开支相当于赚钱，而节省开支更要科学、有效，绝不能盲目通过压缩开支、辞退员工来实现。

  这个故事已经把招人的目的和意义讲清楚了。对于一个企业而言，每年都有退休的员工，退休产生的空岗就需要通过招人补上；每年都可能有新的部门诞生，新部门也需要招聘新人；还有一些企业为了提升竞争力，也需要招聘一些人才进行人才储备和技术储备。总之，招人是一件非常重要的事，具体事项我们将在之后的章节中进行详解。

招聘需求分析

许多企业都有招聘需求，当然也有一些企业没有。有招聘需求的企业需要对招聘进行分析，明确哪些岗位需要招人，需要招聘哪些类型的人等。有些企业虽然有用工需求，但是却没有进行分析便开始大范围招人。我们借助一个案例进行说明。

南方某企业是制造类企业，也是劳动密集型企业，这家企业遭遇"用工荒"，有200人的岗位缺口。于是，这家企业的人事专员专门跑到外省招聘员工。这个企业的人事专员说："企业缺人，当地找不到劳动力，这是一件很棘手的事。所以，我们需要从外省招聘员工，去我们当地工作。"经过一个月的招聘，人事专员终于解决了企业缺人的问题。

但是这些新员工来到企业后，却迟迟无法上岗。其中一位负责人说出事实真相："这200名员工，有的从来没有接触过生产线，也不懂得如何操作，完全是新手，即便经过岗前培训，也很难在短时间内适应岗位，无法在短时间内提升产量并完成订单。还有一些员工并不适应南方的湿热气候，来到这里之后便提出各种各样的要求，也让企业很为难。"最后，200名员工只留下了14名。企业不仅给了没有录用的人一定的补偿金，还给报销了往返的火车票。

这家企业的老板也非常无奈,他深有感触地说:"这件事是我和我们的相关部门没有考虑周全。我们确实需要员工,但是对员工是有要求的。这200名员工并不都是生产线员工,我们更需要解决产能问题,产能也需要技术调试和岗位调试,仅仅靠纯人力是无法实现的。"后来,企业要求各岗位干部统计招聘人数,并写明招聘的目的和作用,这才解决了问题。这家企业最后并没有招200名员工,只招聘了72名员工就足够了。

上面这个案例并非反面教材,许多企业都会犯这样的招聘错误。如果想要科学招聘、精准招聘,就需要进行招聘分析(如图1-2所示)。那么,企业应该如何做招聘分析工作呢?

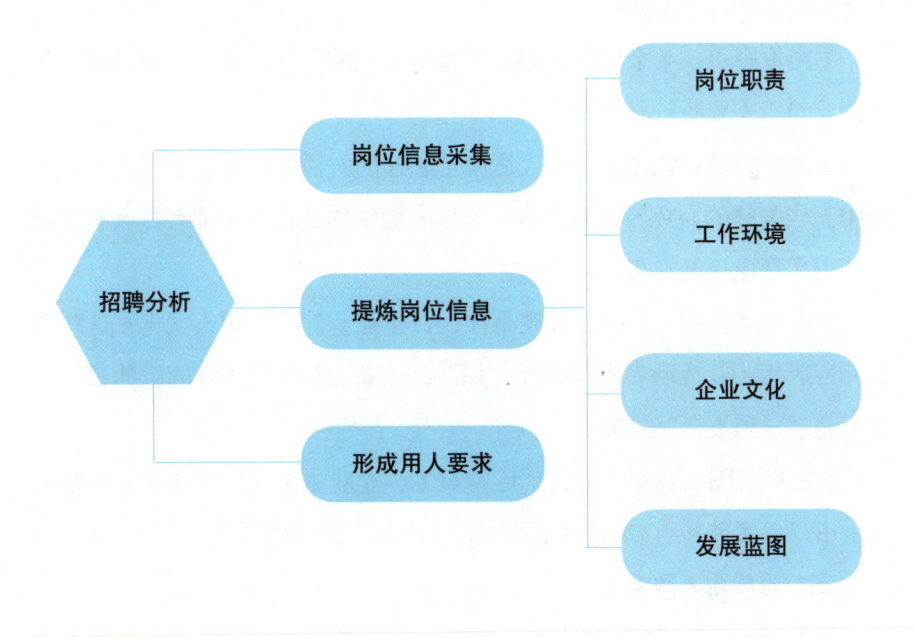

图 1-2 招聘分析

一、岗位信息采集

一个企业拥有各种各样不同的岗位，有的岗位缺人，有的岗位不缺人。因此，企业人力资源管理部门要去各个岗位对相关信息进行采集、了解，并且对相关岗位项目负责人进行采访，弄清楚到底哪些岗位需要人，需要哪些类型的人。岗位信息采集工作还有另外一个作用，就是对人力资源进行优化。有些企业岗位人满为患，需要及时做出调整，将部分多余人员（根据实际情况）调整到适合他们的其他岗位上。

二、提炼岗位信息

岗位信息需要人力资源部门进行提炼，形成具体的招聘细则，岗位信息通常有以下几个方面：

1.岗位职责：某个岗位到底需要哪些类型的员工，员工必须掌握哪些技能，员工需要履行哪些责任等。

2.工作环境：该企业工作大环境是怎样的？需要员工在这样的工作环境中充当怎样的角色？入职之后，工作所面临的其他事项都有什么？要把具体工作环境状况告知应聘者。

3.企业文化：企业的发展观是什么？企业有怎样的用人文化？这些要告知应聘者，让应聘者进行选择。如今，企业需要"三观相同"的员工，而不是"三观不合"的员工。

4.发展蓝图：企业还要告诉应聘员工，企业未来的发展前景，如某某年上市，或者某某年实现怎么的目标，员工可以得到什么等。

三、形成用人需求

通常来讲，人力资源部门需要结合各个部门的实际需求，从用人的五个维度出发（五个维度：知识、技能、经验、能力、价值需求），提炼并形成用人需求，如某某岗位需要员工一名，要求本科以上学历，有相关技能证书和三年以上工作经验，曾经担任过某类项目的负责人，能独当一面，能够承受压力，能够爱岗敬业，吃苦耐劳等。具体的用人需求就是企业招聘的具体要求，设置了相应的招聘门槛，才能精准找到企业所需要的人才。

企业通过以上三项工作，基本可以完成招聘需求分析工作，并形成具体的招聘方案。然后就可以将招聘方案交给相关部门或者合作方，让其进行人员招聘，完成相关招聘工作。

明确招聘价值

招聘是有价值的，没有价值的招聘也就失去了招聘的意义。现实中，有一些企业在招聘方面显得十分盲目，甚至是为了招聘而招聘，也就无法实现招聘的价值。

北方有一家老国企，企业拥有40年的历史，拥有3000多名员工，也是企业所在地的纳税大户。每年，这家企业都会有为数不少的老员工退休，然后通过招聘或者员工子女顶替等方式完成新老交接的工作。但是，这家企业的效益却越来越差，甚至到了濒临破产的地步。企业管理层分析企业经营因素，最后得出的结论是产业落后，产品毫无市场竞争力。既然如此，这家企业就更应该从招聘入手，引入优秀人才，提升产业技术，淘汰落后产能。但是，该企业管理者并没有这样做，也没有任何引进高技术人才的想法，仍旧按照过去的思路按部就班地进行新老员工的接班与替换。

有一年，生产车间四名有经验的工程师退休了。在此情况下，企业应该重新聘任四名有经验、有技术的年轻工程师接任工作。但是这家企业内部关系复杂，老总们也是睁一只眼闭一只眼，得过且过。老工程师退休，顶班的并不是出类拔萃的年轻工程师，而是内部选拔上任的、没有任何技术说服力的普通技术员，这些年轻技术员的技术水准远远不及老工程师。但是该企业的一位人事部门负责人这样解释："企业发展依靠的是公司董事长的正确领导和团结一心的工作精神。"换句话说，人才并不是最重要的，他们只需要一个老老实实干活的人。这样的聘任和用人方式又延续了三年，这家企业最终迎来了倒闭的时刻。企业倒闭，后来只能进行破产重组。

入驻这家企业的新董事长是个改革派，他非常厌恶这家企业原有的招聘用人文化，甚至怒斥道："一家企业连招聘用人的工作都做不好，怎么做好企业？"一怒之下，他将整个人事部的人都解聘了，然后换了一批年轻有为、懂得企业招聘的人。这些人上来之后就进行了招聘需求分析工作，将企业各个部门摸查了一遍，结合各部门的痛点，去人才市场公开公正地招聘优秀人才。这家企业一年内就完成了人才招聘与人才上岗工作，通过绩效考核淘汰了一些没有作为、毫无责任心和进取心的"老油条"，整个企业发生了巨大的变化，两年之后不仅还清了欠债，而且还开始盈利了。说到底，这才是招聘的真正价值。

那么，企业招聘的意义在哪？我认为主要体现在三个方面。（如图1-3所示）

```
        塑造企业文化                    满足用人需求

                    企业招聘的意义


                    提升企业形象
```

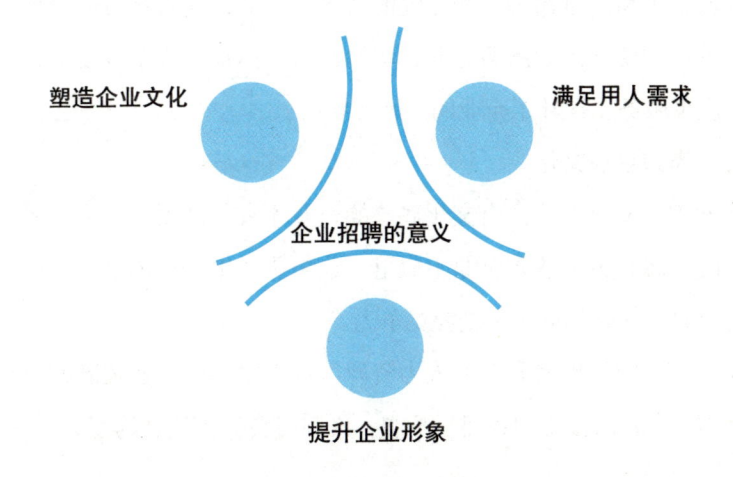

图 1-3 企业招聘的意义

一、满足用人需求

任何一家企业都会像上述案例中的那样，存在新老交替、岗位缺人或增加人才储备的情况，因此就需要进行人才招聘。人才招聘最重要的意义就是满足企业的用人需求，让合适的人出现在合适的岗位，让合适的人替代不适合的人，让需要扩大规模却缺少劳动力的企业拥有劳动力和人才，满足企业发展、扩张的需求，让企业完成新老交替，也让企业拥有人才库，提升企业的核心竞争力。人才最宝贵，拥有人才的企业，也就拥有了财富。

二、提升企业形象

一个企业需要良好的品牌形象和社会形象。有人问："形象不是靠良好的口碑吗？"良好的企业口碑从何而来？需要一批高质量的人才来实现。举个例子，华为集团拥有大量的尖端科技人才，并且拥有世界上最多数量的科技专利，所以华为创造了业内奇迹。有了这些科技人才，华为才拥有了源源不断的创造力、颠覆性的技术和产品，这直接或间接地提升了企业形象。即使在终端服务方面，华为的高素质员工也不辱使命，为客户提供高质量服务，提升了企业的品牌形象。

三、塑造企业文化

企业需要文化，一个有文化底蕴的企业才有生命力。高素质的员工会将自己的思想和灵魂注入企业生命里，让企业文化更加丰富、多彩，甚至还能将企业文化转化成一种企业竞争力。

总之，企业管理者和企业人力资源负责人要明确企业招聘的意义，才能有计划、有针对性地组织科学招聘，否则将会失去招聘的意义。

制订招聘标准

招聘标准也要制订，招聘标准是企业在招聘过程中设置的门槛。招聘标准要符合五个特点，即准确、可靠、客观、全面、适应。（如图1-4所示）

图1-4 制订招聘标准

准确：招聘是一项科学工作，甚至是一项数据化的工作，一切招聘都必须做到量化才行。招聘工作更是一项具体的工作，甚至需要评估、测量。如某家企业招聘员工数量多少，薪水多少，年龄多少，有时还将其他参考数值也写进招聘的范畴中。

可靠：招聘是一项必须可靠的工作，如果招聘不靠谱，招聘单位所招聘的员工也可能不靠谱。企业需要人才，更需要靠谱的人才。有些人根本达不到企业的需求标准，结果却被放在了某些重要岗位上，这就会给企业带来麻烦。

客观：招聘必须是客观的，决不能因某个人的主观看法而制订标准。有一些企业由老板决定招聘，他自己就有一套主观色彩较浓的选人办法，企业人力资源部门也会根据他的主观要求制订招聘标准。结果，员工进来之后，可能不符合岗位需求。还有一些招聘官是非常盲目的，他认定的人就会招纳进来，也有可能造成招聘腐败。因此，企业制订的招聘标准一定要能够客观、科学地对应聘者做出评价，切不要因个人主观看法进行招人、聘人。

全面：有些企业的招聘显得非常片面，招聘营销岗位时，人力部门只会招收有营销工作经验的人。事实上，一名优秀的营销人员并不能只看他的营销经验，还要观察这个人的性格、脾气、社交能力、学历等，然后进行综合、全面考量。还有一些企业盲目追求高学历员工，但社会存在一些高学历低能力的人，这些人并不能胜任某些工作。企业制订招聘标准，就是要制订出科学、全面的招聘标准。

适应：招聘是要有匹配度的，如果招纳的员工与用人岗位不匹配，这样的招聘是失败的。制订招聘标准，人力部门要深入用人岗位进行调查，萃取出相关岗位数据，将数据转化成实际的招聘条例。当然，100%的匹配度是很难得到的，有些企业为了提升新入职公司员工的岗位匹配度，还会对员工进行岗前培训和岗内培训，让员工更加适应岗位的实际需求。

人员招聘标准的标准是多种多样的，制订标准的方案可以参考著名企业的招聘标准，还可以利用招聘模板进行标准制订。通常来讲，人员招聘标准的内容有以下几项。（如图1-5所示）

设置招聘的具体条件 04

监督和修订岗位人员编制表 03

尽量拒绝"关系招聘" 02

区分正式员工与临时员工 01

实习期转正时间 05

应聘人员所提交的相关材料 06

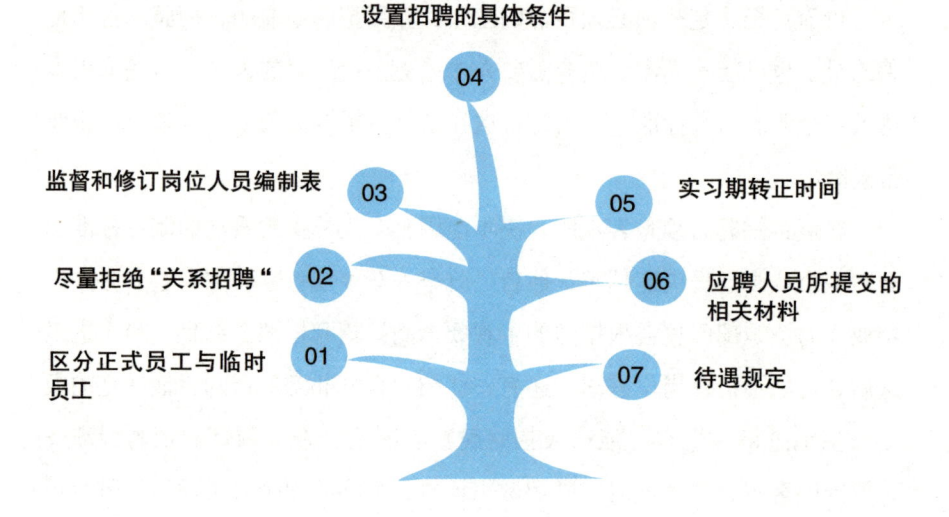

待遇规定 07

图1-5 人员招聘标准

1.区分正式员工与临时员工。在招聘标准的制订上，一定要把正式员工与临时员工的招聘条件区分开来。

2.尽量拒绝"关系招聘"。有一些企业"关系招聘"和"关系用人"现象特别严重，给企业带来了巨大负担。个别"关系户"特别优秀的，也需要相关推荐人进行责任担保。

3.岗位人员编制表需要各个部门一同参与，企业监督部门和人力资源部门应该对岗位人员编制表进行监督和修订。

4.设置招聘的具体条件，如应聘人的学历、技能、年龄、工作经验、有无不良记录等，这些条件是硬性条件。

5.实习期转正时间。任何企业在员工招聘方面都会设置实习期，通过实习期对新员工进行考察、评估，再做出转正的最终决定。通常来讲，一个企业设置的实习期为三个月，理论上实习期不能超过六个月，设置实习期的时间应符合法律规定。

6.应聘人员所提交的相关材料，如学历证明、个人简介、近期免冠照片、身份证复印件、应聘登记表、面试（笔试）记录等。

7.待遇规定，应聘者对该企业所提供的岗位待遇有知情权，应聘者与企业是平等、自愿的，是双向选择。

如果我们的企业人力部门能够按照上面的要求、标准，借助相关的模板，就能制定出符合企业利益和科学标准的招聘标准。

招聘者画像

如何对招聘者进行画像呢？画像的意义都有哪些呢？对招聘者进行画像，意义类似于为营销部门对客户进行画像。有位企业主说："如果找错了合作伙伴，那真是相当要命的一件事。"他讲了一个发生在自己身上的故事：

有一年，公司拓展新业务，在公司老厂区内投资3000万元设立新公司。为了找到一名优秀的合作伙伴，这位老板高薪招聘了一名管理者。这位管理者曾经在某大企业从事管理工作，有着比较丰富的管理经验，也很擅于沟通。于是，这位高薪聘请来的管理者很快就职，去了新公司上班。最初，此人的工作水平还不错，能力也比较强，管理也很上台面，公司老板很放心，因而给他放权。但是此人做事非常高调，野心也非常大。新公司成立后形成了稳定业务产能，这位高管就开始频频向老板施压、谈条件："老板，企业正常运营了，三年之后，这家分公司完全具备了创业板上市的条件，就让它上市。但是老板，我想你以后不能只给我现在的薪水吧，这有些不匹配……"老板明白他的意思，于是给他加了20万元的年薪。一年之后，这位高管又要提加薪的事。老板有些生气，但是鉴于他的能力，又给他加薪10万元。但是这位高管胃口太大，甚至坚持要企业股份，这把老板彻底惹急了。老板向他坦白："薪水就这么多了！如果你拿得太多，打破了薪资平衡，我该怎么处理？现在你的薪水比我这个董事长都高了！"老板忍无可忍，与这位高管分道扬镳，高管辞职再次跳槽去了另外一家企业。这位老板说："我只知道这个人是个能力很出众的人，但是没想到他的胃口和野心竟然这么大，与我们的企业发展战略不一致，而且此人一直在跳槽，其目的就是索要高薪。我们在招聘方面的工作做得不够，没有对此人进行画像，结果走了弯路。"

是啊，如果我们不能做好应聘者画像工作，恐怕很难找到匹配度高的员工和人才。前面章节里，我们讲到了的匹配度的问题，那是其一，匹配度是对企业内的岗位分析和岗位所需要的人才招聘标准的提炼；其二就是本章节专门针对人才进行的招聘画像。如果我们的企业管理者或者HR经理能够将二者结合起来，就能把招聘工作落实得更加到位。通常来讲，我们需要结合应聘者的五个维度进行画像。（如图1-6所示）

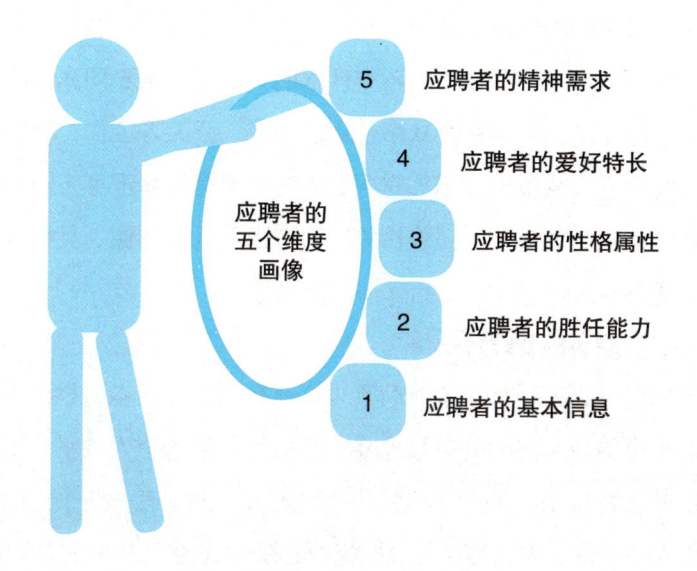

图1-6 应聘者的五个维度画像

一、应聘者的基本信息

通常来讲，应聘者的基本信息也是应聘者的核心信息，它包括应聘者的年龄、性别、身高、体重、户口籍贯，还包括应聘者的学历、身体健康程度、个体形象等，不同的企业岗位对应聘者的具体信息的要求有较大不同，企业人事部门应该依照不同的岗位需求进行设置。

二、应聘者的胜任能力

学历是很重要的，但是能力更重要。如果是企业的营销部门招聘，就需要应聘者具有强大的沟通能力、社交能力、公关能力和推销能力，甚至还需要应聘者拥有一定的人脉资源。胜任能力是X元素，在一些不可测量的地方，企业人力资源部门可适当放宽，结合实习期的具体表现决定是否录用某个人。

三、应聘者的性格属性

不同的人有不同的性格，不同性格的人适合从事不同属性的工作，性格外向、擅长交流的人适合从事营销、外联、公关等工作；性格内向、擅长思考的人适合从事与计划、财务、人力、库管、生产等方面的工作，企业人力资源部门要根据不同性格的应聘者进行具体画像、具体分析，才能找到最适岗的人。

四、应聘者的爱好特长

不同爱好、不同特长的应聘者也会在某个企业或者岗位上表现出不同的状态，有些应聘者擅长单打独斗，那就让他从事个人攻坚类工作；还有一些应聘者喜欢团队工作，那就让他到团队中去；有一些个性比较强的年轻人喜欢自由度、宽松度比较高的岗位，那就让他们去这一类岗位。

五、应聘者的精神需求

不同的人都有不同的追求，也就是我们之前讲到的"三观"。企业HR专员还要对应聘者的精神追求和三观进行画像，找到那些符合企业"三观"的人才才行，因为企业与员工要一同成长，相互影响。

如果我们的企业管理者和人事部门负责人能从上述五个维度出发，对应聘者进行精准画像，就能提高招聘精确度，从众多人才中选择出最适合的那位。

制订招聘方案

每个企业都有自己的招聘方案，大企业有大企业的方案，小企业有小企业的方案。有些初创者在公司成立之后，没有制订招聘方案，而是采取一种灵活自由的招聘方式。我有一个同学，他曾经在事业单位工作，后来下海经商，创建了一家从事商贸业务的小公司。小公司规模不大，每年的营业额并不高，招聘进来的员工有的是朋友的朋友介绍的，有的是亲戚加入的，12个人的小公司几乎都是沾亲带故的关系。有人说，这种公司有点类似于家族式公司，说好也好，说坏也坏。最初，这家公司的运作还算很通畅，每个人都能各司其职，业务发展得也很快。后来，商贸市场萎缩，同学的公司遭遇了发展瓶颈，营收利润也开始下滑。为了解决这个问题，同学选择了开展新业务，他是这样做的：

1.现有成员三人一组，分成四组，每一组负责一个项目；

2.采取KPI制度，多劳多得；

3.新项目成功之后，按照成果给每一名员工股份，形成新的股份合作制度。

看上去似乎没有什么问题，但是这个项目进展并不顺利。同学说："有些人并不擅长这些工作，所以给自己的小组拖了后腿，导致项目无法正常开展；还有一些人发现这个行业不赚钱了，甚至想要退股单飞。"最后，这个新项目彻底搁浅。公司遭遇惨败，最后只剩下了五个人。创业失败后，同学的总结是：没有形成招聘方案，盲目招人用人，失败的结果他只能忍痛吞下。

　　为什么讲述我同学的创业经历呢？我是想告诉读者朋友们，一个企业无论大小，都要有招聘方案。一个没有招聘方案的企业，完全是一个野蛮而粗放的企业，企业主根本无法驾驭这样的企业。招聘方案应该如何制订呢？如今，网络信息之发达，企业管理者可以借助相关标准模板进行制订，也可以从自身需求出发，结合企业的实际情况，制订招聘方案。（如图1-7所示）

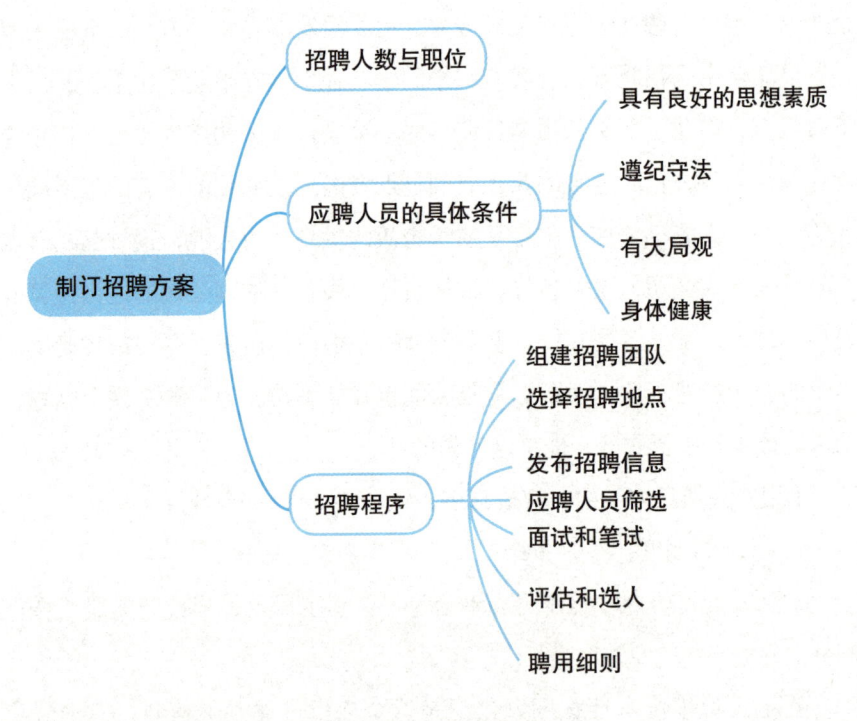

制订招聘方案
- 招聘人数与职位
- 应聘人员的具体条件
  - 具有良好的思想素质
  - 遵纪守法
  - 有大局观
  - 身体健康
- 招聘程序
  - 组建招聘团队
  - 选择招聘地点
  - 发布招聘信息
  - 应聘人员筛选
  - 面试和笔试
  - 评估和选人
  - 聘用细则

图1-7 制订招聘方案

一、招聘的人数与职位

一个企业到底要计划招聘多少人呢？这些人都要分配到哪些岗位呢？这个重要的数字必须要在招聘方案中体现出来。一般来讲，一个企业都会在招聘开始前公布具体的招聘人数和职位，人力资源部门需要提前做好相关统计工作。

二、招聘人员的具体条件

除了上面章节讲到的五个维度之外，招聘企业还会在以下几个方面进行约束：

1.具有良好的思想素质，正确的政治立场，能够坚持正确的、主流的社会价值观，敢于创新；

2.遵纪守法，无不良嗜好；

3.有大局观，能尊重领导，团结同志，有团队精神；

4.身体健康，抗压能力强，能适应岗位工作。

三、招聘程序

招聘程序就是招聘中具体的环节，比如如何启动招聘，在哪里进行招聘，如何进行笔试、面试等。

1.组建招聘团队，该项内容的具体细节我们将在本章最后一节进行详细讲解。

2.选择招聘地点也是一件非常重要的事情，许多企业拥有自己的招聘地点，可选择固定的招聘地点，也可选择大型招聘会现场。

3.发布招聘信息。

4.对参加招聘的人员进行筛选，制订筛选规则和筛选制度，严格按照程序进行筛选。

5.面试和笔试。

6.招聘专家团评估、选人。

7.正式聘用以及聘用细则。

上述七步招聘程序是按照常规程序进行设定的，企业管理者可以自由选择招聘程序模板完善该项任务。

除了上述三个重要项目外，企业管理者和企业人力资源部门要设置用来启动招聘工作和日常活动的招聘专项资金，明确具体的招聘预算，落实招聘工作环节的每一笔费用。企业活动中的任何一项工作都会产生开支，企业管理者和相关部门要做好开支预算工作，这是现代化企业管理的一部分。最后还有一项重要工作即明确招聘时间计划表，按照时间计划有条不紊地进行招聘。

组建招聘队伍

对于一个企业而言，想要做好招聘工作，还需要一支业务精湛、能力强大、团结一心的招聘队伍。组建队伍看似简单，也许找几个人就能完成这项工作。其实，组建招聘队伍的最关键环节在于其他方面的准备工作（如表1-1所示）。

表 1-1 组建招聘队伍

序号	沉淀工作	整合资源	做好预算	形成队伍
1	研究招聘渠道	渠道资源	对招聘预算进行评估	企业也要对招聘队伍的负责人进行约法三章，要求他在岗位制度下建设、完善招聘队伍，并给他提供大量的资源支持。
2	研究人	人员资源	"两张表"调研	
3	人脉	培训资源	做好计划	
4			对相关项目进行预算	

第一步，沉淀工作。

什么是沉淀工作？在我看来，沉淀工作就是前期准备工作，这些工作具体包括以下几项：

1.研究招聘渠道。例如，某企业曾经采取的招聘渠道有哪些？线上还是线下？社会招聘还是校园招聘？不同的招聘渠道需要不同的人员团队，这些渠道都需要研究和沉淀。

2.研究人。为什么要研究人呢？到底研究哪些人？当然是研究企业各个岗位上的人，这些人要能够承担起招聘过程的相关工作。当然，这些人未必加入招聘队伍，也可能成为招聘队伍的辅助人员。

3.人脉。人脉就是资源，人脉能够解决大问题。一家企业总有一些人脉资源，这些人脉需要沉淀下来，加以利用。

第二步，整合资源。

搭建任何团队，都要把资源整合一遍。如果我们无法把资源整合到位，后期工作的开展将会受到不利影响，甚至遇到阻力。在人力资源团队组建方面，主要整合三种资源：

1.渠道资源。沉淀工作是对现有渠道资源进行研究和沉淀，该项是沉淀工作的延伸部分，就是对资源进行整合。

2.人员资源。盘点现有队伍有哪些人，需要补充哪些人，是否需要从其他部门进行精准抽调？

3.培训资源。为什么突然产生了一个培训资源？有一个大型企业需要招聘大量人员，而其招聘队伍也非常庞大，拥有大量的负责招聘的员工。或许这些员工职业素养等方面良莠不齐，需要提供与之相关的培训资源对员工进行经验、素质帮扶，提升他们的综合素养。

第三步，做好预算。

招聘工作同样是费心、费力、费财的，一定要做好预算工作，如企业需要制订全年的预算、招聘季预算、招聘场次预算等。招聘预算工作也分为四步：

1.对招聘预算进行评估，如每年每招聘一个人的费用，资源抽调之处，入职一年人员的工资、调整、升职、离职等支出（用于估算），招聘产出比等，只有进行充分的估算，才能做出预算。

2.有些企业会采用"两张表"的调研方法，去各个部门（人才聘用部门）进行充分调研，了解未来的招聘信息和招聘计划，并形成相关数据。

3.做好计划，形成招聘计划表。招聘计划表将会明确四大费用，即基础费用（直接用于招聘）、活动开支、平台固定投入、项目费用（如项目活动开支、相关交通补贴等）。

4.对相关项目的预算支出进行核对、核准，避免产生不必要的项目支出浪费。俗话说"节省开支就等于赚钱"，企业管理就是要节省开支，高效转化。

第四步，形成队伍。

对于大企业来讲，本身就有完善的招聘队伍，招聘队伍隶属于人力资源部门管理，人力资源部门只需要对队伍进行有计划的调整，如增补或精简；对于尚未组建招聘队伍的企业来讲，需要招聘一个具有招聘经验的管理型人才，并且将相关工作任务交给他，并以他为中心，形成队伍，对团队人员进行素质提升。当然，企业也要对招聘队伍的负责人进行约法三章，要求他在岗位制度下建设、完善招聘队伍，并给他提供大量的资源支持。只有这样，企业招聘队伍才能建立起来。

  组建招聘团队并非瞬间完成的工作，它需要企业管理者和人力资源部门像建造楼房那样一砖一瓦地完成。招聘工作是长期性工作，招聘团队的建设与完善也是长期的，甚至与企业发展同步。

第二章

广泛物色人才

选择招聘渠道

如今，招聘渠道非常多，不同的企业都会选择更加适合自己的招聘渠道。不久前，我看到微信朋友圈里有一则招聘信息，发布招聘信息的人是我的一位朋友，他在某保险公司从事HR工作，他直接在自己的工作微信号里发布了招聘信息。三天之后我问朋友是否招聘到员工？他说："我已经找到了想要找的客户经理，他从另外一家公司辞职，然后直接跳槽来了我的公司。"有人非常好奇，微信号顶多有5000个好友，难道在这样的群体里能找到合适的人选吗？朋友给出这样一个解释："我的工作微信好友里面，几乎都是业内从业者，大家彼此熟悉，同行业之间的人才交流是非常常见的现象。而且我是朋友圈公开招聘，并且将招聘信息非常详细地发布在朋友圈里，也不存在私下挖人的情况。"其实，选择微信招聘的HR也有很多，也能快速招聘到所需要的人员。随着互联网的发展，招聘渠道可以分为两大类：传统招聘渠道和互联网招聘渠道。招聘方式更是五花八门。我们整理一下常见的招聘渠道。（如图2-1所示）

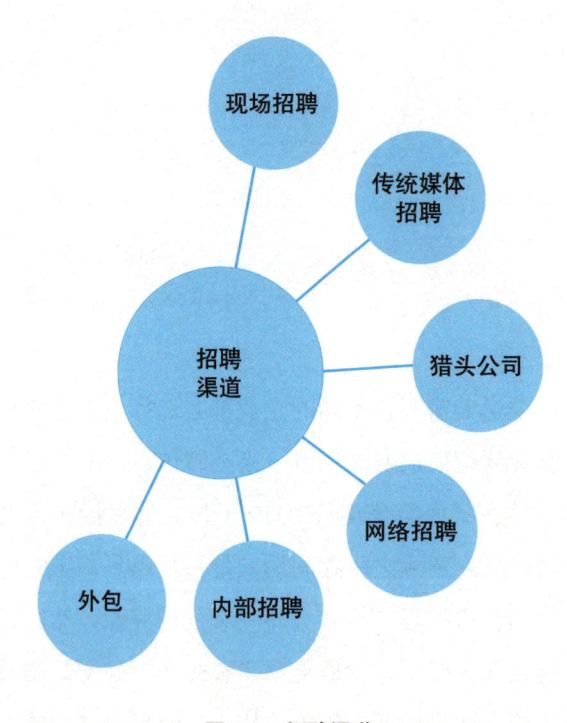

图 2-1 招聘渠道

1.现场招聘。

这是一种非常传统的招聘方式，几乎所有的大型企业都会选择这样的招聘方式，HR直接在人才市场进行面对面的招聘，这样的招聘方式非常直接，甚至还能节省一部分筛选简历的时间。还有一些企业会开展校园招聘，这样的招聘形式也是一种现场招聘，后面我们会重点介绍校园招聘，故不在此进行赘述。

2.传统媒体招聘。

传统媒体招聘也是一种传统的招聘形式。喜欢看报纸的人都知道，报纸里面都会刊登企业招聘信息，如某某企业招聘多少名员工、薪资待遇如何等信息都会刊登在报纸上。还有一些刊物也会刊登招聘信息。但是随着时代发展，看报纸、杂志的人越来越少，选择这种招聘方式的人也越来越少。

3.猎头公司。

不久前，我的一位朋友被猎头公司推荐去了一家世界500强的中国公司，猎头公司拥有上下游高级资源，并且能够非常精准地向需要人才的公司进行推荐。通常来讲，比较高端的人才会得到猎头公司的青睐。

4.网络招聘。

如今，互联网招聘平台有很多，如智联招聘等，许多企业的HR会直接选择某个网站或者平台招聘人才。如今，网络招聘是最为常见的招聘形式，方便、快捷，应聘者也会选择登录相关的招聘网站投递简历。当然，网络招聘也存在一定的风险，发布招聘信息的人以及选择应聘的人需要提前对一些虚假信息进行风险评估，以免被有些简历华丽的外表所欺骗。

5.内部招聘。

许多企业也会有内部招聘信息，员工和干部都可以进行应聘。这种内聘的方式属于内部挖掘人才，非常适用于某些大型企业。

6.外包。

还有一些企业会选择整体外包，将招聘工作打包给专业招聘公司。如今，这样的招聘方式也是许多企业的选择。有些企业没有合适的HR人才，就会选择打包业务。打包业务也有其优势之处，即企业不再需要花费很多资金打造招聘团队，而是直接委托给更加专业的招聘公司进行招聘，这样还能降低招聘风险。

琳琅满目的招聘渠道该如何选择呢？或者说，怎样的招聘渠道才是好的渠道？我想，好的招聘渠道具备三个特点。（如图2-2所示）

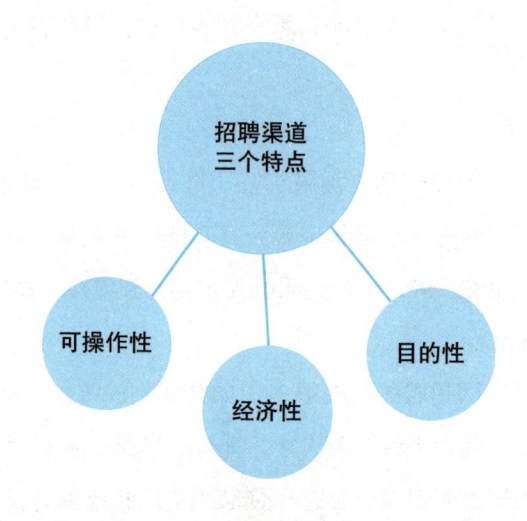

图 2-2 招聘渠道的特点

1.可操作性。企业选择的招聘渠道，一定是一个可操作的招聘渠道。如果HR的朋友圈里根本没有应聘者，选择微信朋友圈招聘就是毫无意义的选择，不具备任何可操作性。

2.经济性。招聘是一件重要的事情，但是并不意味着一定要耗费重金。做任何事，都要考虑成本，招聘也是如此。

3.目的性。招聘的目的就是招聘到某个岗位的某一位人才，而且一定是目的性强的招聘才行。如果是毫无目的的招聘，或者随便选择一种渠道，这样的招聘是不负责任的。

无论企业选择怎样的招聘渠道，都要符合招聘目的，符合经济性和可操作性原则，这样的招聘才是有价值的。

发布职位信息

当一家企业或者企业HR选择了适合企业的招聘信息发布渠道，就需要发布职位信息了。什么是职位信息呢？其实就是职位描述，也叫职位画像。通常来讲，职位信息包含以下几个方面的内容。（如图2-3所示）

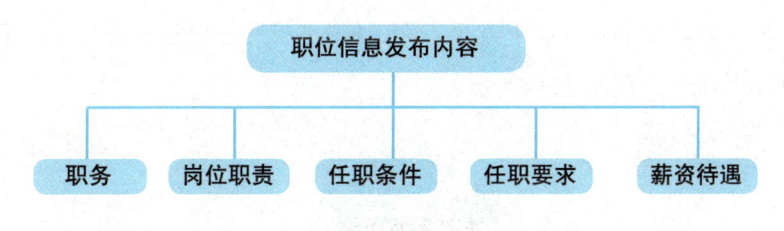

图2-3 职位信息发布内容

1.职务。即某公司发布的某种岗位工作，如办公室助理、JAVA工程师、大客户经理、电算财务等。只有将职务描述清楚，才能找到相关人才。

2.岗位职责。职务对应着岗位，岗位就应该有岗位职责，如办公室助理的岗位职责就是懂得办公室5S现场管理，能够熟练进行沟通，完成上传下达，协助办公室主任完成相关工作等。

3.任职条件。明确任职条件，符合条件的应聘者才能参加该岗位招聘。其实，任职条件就是任职门槛，如某企业招聘办公室文员的条件是：男女均可，年龄要求25～32岁，本科学历，有相关工作经验者优先。应聘者看到这样的任职条件，就会进行快速比对，看自己是否符合相关条件。

4.任职要求。任职要求可以简单，也可以复杂。许多企业为了找到更优秀的员工，会把任职要求撰写得非常详细、严谨，如办公室文员需要做好这样几件事：第一，个人形象要好；第二，掌握良好的沟通技巧，熟练接听电话；第三，懂得办公室相关文件的分类与整理；第四，能够真诚、热情地接待客人，不得与客人发生争执；第五，承担考勤记录与会议记录的责任；第六，协助部门领导做好相关工作等。

5.薪资待遇：任何一则招聘都要明确这一点，如果不明确，恐怕无法吸引到人才。

职位信息主要包含以上五个方面，HR在撰写职位信息的时候，也要做好以下几点。（如图2-4所示）

HR 撰写职位信息的五个方面

A 简单直接
B 随时代的变化而变化
C 不要追求片面化、理想化
D 不需要华丽的辞藻
E 要以结果为导向

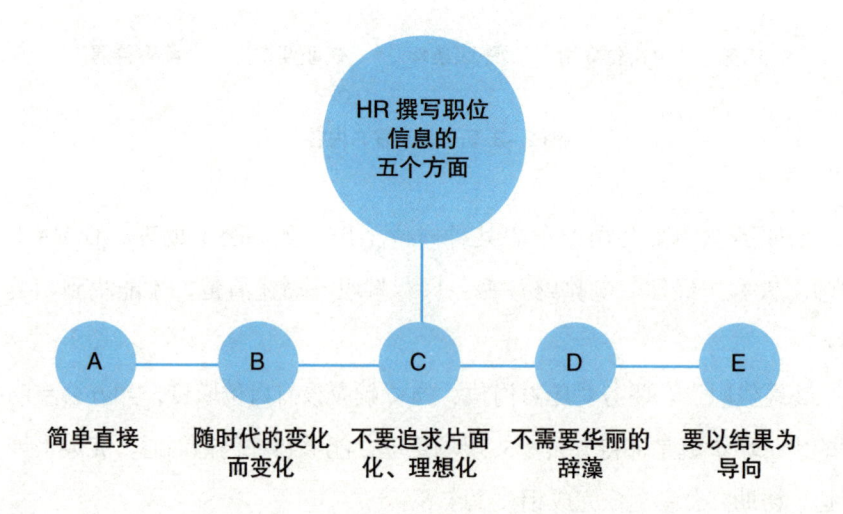

图2-4 撰写职位信息的五个方面

1.岗位职责的撰写要简单直接，不应过于烦琐。许多应聘者或者投递简历的人会选择广泛投递，他们没有太多时间分析岗位职责。如果岗位职责撰写得太复杂，也会给应聘者带来巨大的压力。就像有些应聘者看到密密麻麻的岗位职责的时候感叹道："这样的公司不是招聘员工，简直是招聘全责保姆，在这样的公司工作，早晚会被累死。"

2.岗位描述应该随时代的变化而变化。有些企业的HR简直太懒了，甚至连续几年都是相同的岗位描述，这是不行的。HR一定要坚持更新岗位描述，力求与时代背景、社会发展一致。

3.任职要求不要追求片面化、理想化，而是实实在在的、不脱离实际的。只有这样才能找到最靠谱的人才，而不是理想型的人才。

4.不要使用所谓的春秋笔法，更不需要华丽的辞藻，招聘信息就是招聘信息，它不是情节跌宕的散文和小说，要客观，更要一目了然。

5.要以结果为导向，发布职位信息的目的就是给该岗位找到能胜任此工作的专业的人。

我们引用了小米公司公开发布的关于数据质量工程师的社会招聘职位信息：

岗位职责

1.与互联网业务策略产品部门、数据工程师紧密沟通，把控数据质量方向，制定数据质量验证方案及策略。

2.参与互联网业务系统数据质量体系建设、数据质量评价标准建设、流程建设等，并推动改善数据质量改善。

3.挖掘数据质量的基本情况，进行深入分析，推进系统性解决和改进，不断满足上下游的诉求，提高满意度。

岗位要求

1.计算机相关专业，本科及以上学历，至少五年工作经验。

2.熟练使用Hadoop、HIVE、Kafka、Flink等大数据处理工具。

3.具备数据仓库领域知识，包括但不局限于数据建模、元数据管理、数据开发测试工具与方法。

4.掌握Java或Python中至少一门编程语言，有扎实的计算机和数据库基础。

5.有全站业务数据治理和管理体系建设经验，有业务数据质量相关工作经验者优先。

6.较强的质量意识，能站在用户角度分析问题。

7.积极主动，有担当，有良好的沟通和团队合作能力。

对于HR来讲，熟悉公司内的每一个岗位，并且能够熟练对该岗位的招聘信息进行如实描述是非常必要的。如果HR不了解企业内的各个岗位，也就无法做好这项工作。因此，HR在发布岗位信息之前，应该与这些岗位的管理者进行有效沟通，然后形成岗位职责、岗位要求以及企业所能提供的福利待遇。这样才能完美地做好这项工作。

新媒体招聘管理

如今，招聘形式多种多样。其中有一种招聘形式叫新媒体招聘，也就是HR利用新媒体平台进行的招聘。与传统媒体相比，新媒体似乎更有优势，它传播速度快，覆盖面更广，能够通过数字技术、互联网技术进行传播。如今，人们的生活离不开手机、平板电脑等移动终端设备，因此可以将招聘信息发布在新媒体上，让招聘者通过移动终端设备了解招聘信息并投递简历。（如图2-5所示）

```
          新媒体招聘
    ┌─────────┼─────────┐
 微信公众号    微博      抖音
```

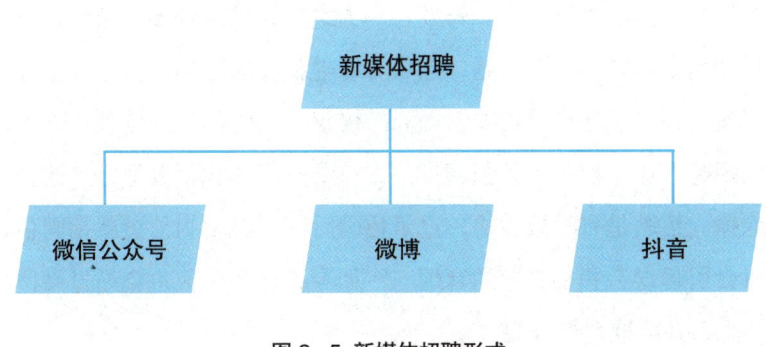

图2-5 新媒体招聘形式

有一位企业资深HR刘珊珊，需要给企业招聘岗位技术人员，她选择企业微信公众号进行招聘信息的发布。她将编写好的招聘信息发布到企业微信公众号里，然后大面积地推送公众号文章。不到三天时间，招聘文章就得到广泛转发，刘珊珊收到200多份优质简历。刘珊珊说："如今，许多企业HR都利用企业微信公众号发布招聘信息，这种方式已经产生了很好的效果。"刘珊珊将收到的简历进行了整理、分类，然后从这些简历中筛选出90个人，列了一个面试名单，之后电话通知候选者进行面试。有人问："微信公众号推广的方式方法是什么？"举个简单例子，如今企业内都有员工群，每个员工自己又加入了各种各样的群，在员工的大量转发下，微信公众号文章的覆盖面也会非常大。当然，刘珊珊利用企业微信公众号发布招聘信息，并一直与专业从事新媒体招聘的平台进行合作，合作费用并不高，甚至比在传统报纸、刊物发布招聘信息的费用还要低，且覆盖面更大。刘珊珊说："现在我们企业的招聘信息都采用这种新媒体的形式进行发布，这种形式完全能够满足我们企业的招聘需求。"

新媒体招聘还有一个特性，就是互动性，应聘者可以通过留言提问的形式了解这家企业。有一家企业的HR经理王茜利用自己的微博发布企业招聘信息，然后进行推广、转发。一天之后，就有许多人留言、提问。王茜总能积极回复每一个问题，然后查看他们投递的简历。经过这样的互动，王茜的招聘工作进行得非常顺利。仅仅一周时间，王茜就完成了20名员工的招聘工作。但是王茜强调："每一次招聘，我都会把之前的招聘信息删除掉。招聘是有时效性的，过了招聘时间，就要另外更新招聘信息，否则将会引起误会和不必要的麻烦。"如今，许多企业也会通过微博投放招聘信息，并能取得很好的效果。

朱全文是某企业的一位资深HR，他选择抖音平台进行招聘信息的发布。朱全文平时喜欢刷抖音，并且拥有几十万粉丝。后来，企业打算招聘50名生产工人，朱全文拍了一条抖音视频，并在抖音视频中说："我们公司招聘员工，是生产工人。我们的企业生产工作还是很轻松惬意的，福利待遇也挺好，如果想要来试试，可以留言或者发简历到我的邮箱……"随后，朱全文还拍摄了生产车间的生产视频，并与观众分享了企业内的员工生活。许多人羡慕这家企业的生产经营环境，一天之后朱全文就收到了几百份简历。朱全文说："抖音、快手之类的平台都非常适合发布这类信息，而且招聘信息都是公开透明的，我还能向他们展示企业环境、员工生活等。这种视频类招聘形式不仅生动、鲜活、可靠，而且抖音、快手之类的平台流量很大，每天都有大量的会员观看。"有人问朱全文："难道抖音平台上的招聘信息不需要进行管理吗？"他说："真正的管理是对招聘信息的反馈管理，整理相关信息，整理每一份简历，然后给每一名简历投递者进行回复，证明我们重视每一份应聘者的简历。"

除了抖音、快手、微博、微信等新媒体渠道，还有一些人选择今日头条、知乎等平台进行招聘信息的发布。知名的新媒体平台拥有大量注册用户，每天都会产生海量流量，甚至超过了那些曾经著名的招聘网站。因此，我们的HR完全可以选择在新媒体平台上进行招聘，然后做好招聘信息的更新与维护工作，也就做好了招聘工作。

校园招聘

几乎每年都有许多大型企业去校园招聘。校园是一个人才辈出的地方，也是许多企业争抢人才的地方，尤其是一些名校。优秀的毕业生即将步入社会，迎来自己的第一份工作。那么，校园招聘都有哪些意义呢？（如图2-6所示）

- 校园招聘是重要的招聘渠道
- 提高企业的知名度
- 有积极的社会意义
- 与社招人员进行比对

校园招聘的意义

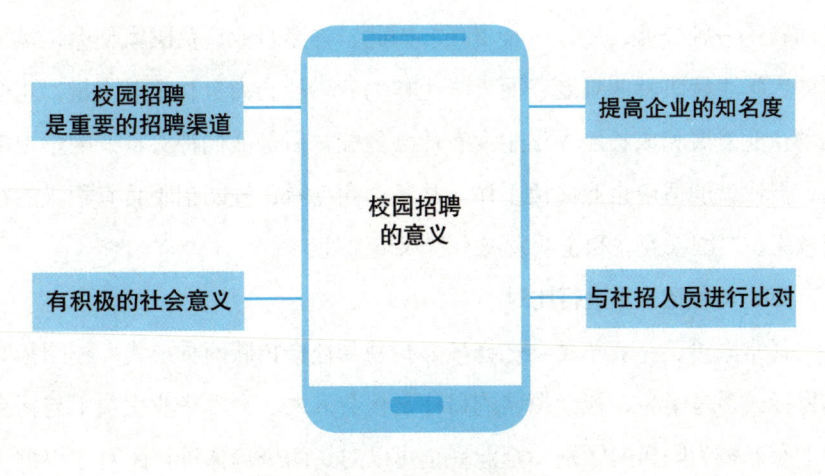

图2-6 校园招聘的意义

一、校园招聘是重要的招聘渠道

在互联网时代，招聘渠道和招聘类型越来越多，但是传统的校园招聘仍旧是企业最重要的招聘渠道。企业去校园招聘，直接面对校园中即将毕业的优秀毕业生，对口选择他们，而他们也会选择企业。与此同时，优秀的大学生拥有一定的知识能力和学习能力，也是企业所看好的。既然许多企业管理者都在感叹人才难觅，那为什么不去大学校园"寻宝"呢？

二、提高企业的知名度

上过大学的人们都知道，每年校园招聘时，学生们都能听到某些企业的名字，如某某集团来学校招聘啦，工作条件、待遇都很好，完全可以一试。其实，企业选择校园招聘，也是推广、宣传企业的一种形式。优秀学生进入某企业工作，某企业跟学生签订了合同，学生对企业也有了一个清晰的认识。其实，绝大多数进行校园招聘的企业都是著名企业，这些企业也有着不错的口碑。

三、有积极的社会意义

大学生是社会的新生力量，也是推动社会发展的力量，因此国家针对大学生就业问题会经常发布相关政策。对于企业而言，帮助大学生解决就业问题是一种公益，更是一种责任。因此，许多企业肩负国家使命，需要帮助大学生解决就业难题，而大学生作为一种社会力量和企业力量，也会推动企业发展和成长。大学生没有社会经验，但是他们都有良好的学习能力，很快就能适应企业岗位工作。从某个角度看，校园招聘具有积极的社会意义，对国家发展和企业发展有着双重益处。

四、与社招人员进行比对

通常来讲，企业招聘会选择校园招聘和社会招聘两种形式。校园招聘的目标人员是学生，社会招聘的目标是社会人才。大学毕业生员工与社会员工有着较为明显的区别，企业完全可以对这两个群体进行比对，根据企业发展需要选择校园人才或者社会人才。与此同时，校园招聘也是企业与学校进行的一次合作，如今有越来越多的企业选择与大学合作，并且是战略性的、深入性的，尤其是科研方面的合作。

有人问："如何进行校园招聘呢？"我想，一个企业想要做好校园招聘工作，需要做好以下几件事。（如图2-7所示）

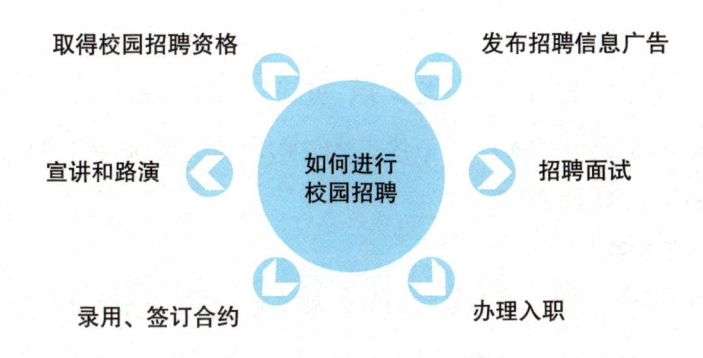

图 2-7 开展校园招聘的步骤

1.取得校园招聘资格。

并不是所有的企业学校都让进驻。如果某个企业已经拿到了进入校园的招聘资格，那么就可以开展第二步工作。

2.发布招聘信息广告。

通常来讲，一个企业在校园里会选择条幅、海报等传统的招聘广告形式，将招聘信息发布出去。还有一些企业会与学校某系或者某学院合作，与其联合发布招聘信息广告。

3.宣讲和路演。

单纯意义上的发布招聘广告是没有任何声势和影响力的。HR们想要做好校园招聘工作，就需要组织演讲和路演，让学校里的更多大学生知道某企业在学校内招聘这件事儿。宣讲和路演的内容在此不再进行赘述，总之，宣讲和路演也是HR需要掌握的技能。

4.招聘面试。

招聘面试的工作也要在学校里完成，HR应该与学生有过一次面试的紧密接触，并且应完成面试简历的筛选工作。如果面试通过，还要通知学生们参加笔试的时间和地址。

5.录用、签订合约。

如果学生们闯过了面试、笔试关，就到了录用环节。对于用人单位而言，应该给通过的学生们一个有仪式感的录用仪式，发放录用通知，并完成相关协议、合同的签订。

6.办理入职。

校园招聘的最终目的是从校园里找到并录用优秀学生人才，并把他们带进企业，带进职场。因此，学生毕业之后，就需要按照之前的约定为他们办理入职手续，让他们变成企业内的正式员工。

如果我们的HR能够从校园中为企业挖掘到真正的人才，也就是完成了一项极具使命感的工作。

社会招聘

在我看来，除了校园招聘之外，外部招聘的另外一种重要招聘形式就是社会招聘。我从不否认，校园是非常好的人才资源库，但是社会人才同样也有很多，甚至更值得企业和企业管理者去大浪淘沙。社会招聘是一项常态工作，甚至是HR每天都要面对的工作。通常来讲，社会招聘的招聘范畴是那些有经验的应聘者。

王红是某企业的HR，负责企业招聘。最近，企业内的电焊岗位需要两名员工。王红说："生产部门对电焊技术是有一定要求的，因此希望找到两位电焊技师，找到拥有焊工证的社会人员。"于是，王红与同事在本地的人才市场设下摊位进行招聘，并明确规定：

1.招聘焊工技师两名，须持有专业焊工证书；
2.有一线工作时间三年以上和丰富的工作经验；
3.高中以上学历；
4.年龄要求30~45岁；
5.提供五险一金和良好的福利待遇，薪资面谈。

招聘信息和招聘海报一应俱全，王红用一天时间面试了50多名应聘者，并整理了所有的应聘简历。招聘工作完成后，王红需要从这些简历中找到企业需要面试的应聘者，并发面试函邀请对方来公司面试。一周后，五名参加面试的应聘者参加了面试，并参加笔试，笔试的形式就是现场焊接考试，成绩最好的两个人留用。笔试结束后，两名工作经验丰富的焊工技师签订了临时用工协议，工作实习期为三个月，通过实习考核后，签订正式劳动合同。王红完成了招聘工作，顺利为企业找到了两名技术能力和职业素养都过硬的焊接技师。

通常来讲，社会招聘的目的性更强，招聘周期更短（如图2-8所示）。更多企业也会选择有工作经验的即用型人才。王红说："对于企业而言，每一个岗位都是重要岗位，也几乎没有时间给予新员工适应期；换句话说，企业需要的是能直接肩负岗位责任的人，上了战场就能打仗。"有一次，企业需要一名技术型人才，要求非常高，并且还要求有一定的管理能力，这是一件很困难的事情。王红说："有管理经验的技术型人才是非常稀缺的，这些人通常有主持重要生产项目的工作经历，有些人才可能正在主持项目，也很难被挖过来从事另一项工作。除非我们给出更好的待遇、福利、工作环境和更有挑战性的项目管理工作，否则……"

目的性更强

社会招聘

招聘周期更短

图 2-8 社会招聘的特点

于是，王红与老总进行沟通，尤其在福利、待遇方面深入交换意见，确定了相关福利待遇等招聘中的重要信息内容。王红没有去人才市场，而是选择社会招聘中的互联网招聘形式，在著名的高端人才网站发布信息，招聘有效时间为一个月。信息发布之后，王红只收到了三份符合招聘要求的简历，并随之安排了面试。其中一个应聘者最符合要求，他有15年的工作经验，学历是博士，主持过国家级的重大科研项目，之前离职的原因是他选择停止一切工作陪伴家庭，而现在需要一份收入高、稳定性强但是有挑战的工作。最后双方一拍即合，签订了劳动合同。事实证明，王红招聘的这名高级人才是企业真正需要的人才。此人到岗之后，不但进行了岗位制度改革，并且搭建了新团队，生产绩效更是提高了接近一倍。

当然，真正的人才是非常稀缺的，全世界的优秀企业都在抢优秀的人才。苹果公司的创始人乔布斯说过这样一番话："保持我所在的团队的一流水平，是我工作的一部分。为团队招募A级人才，是我应该做出的贡献。"苹果公司是世界一流公司，即使这样的公司，仍旧需要招聘大量人才。乔布斯创业之初就对人才求贤若渴。乔布斯曾经在一次酒会上被朋友问到一个问题："您能告诉我，那位不会编程的工程师现在都为您做些什么吗？"乔布斯兴奋地告诉自己的朋友："他现在是我的市场推广总监和培训讲师。虽然他欠缺开发软件的才能，但是他对于电脑的使用和功能介绍却无比精通，所以他能精确找出顾客的需求并且推荐相应的产品。"随后，他继续补充道："我让他在公司内部的培训班里将这些知识传授给其他销售员，从而使越来越多的销售员掌握了更多的产品知识，而这对于产品的销售无疑是非常关键的！"乔布斯一直坚持这样一种人才观，"这个世界没有全人也没有全才，但总有一些人的某种技能是最优秀的，而我用的，就是他们最优秀的那种技能！"

是啊，社会上从来不缺人才，只要企业通过社会招聘找到这些人，就能给企业带来红利。

内部招聘

内部招聘是一种内部挖掘人才的方法，也是招聘的一种渠道。有人问："为什么要进行内部招聘呢？"其实，解答这个问题并不难。内部招聘是一种内部选拔方式,能够给更多有才华的人公平竞争的机会。许多企业岗位工作僵化,让人失去了工作激情,逐渐沦为平庸。单纯意义的绩效激励恐怕也起不到良好的效果。再者,企业内部员工对企业非常熟悉,不存在任何磨合问题,企业人才的内部流动也应该选择内部招聘或者内部竞聘的方式。(如图2-9所示)

打破陈旧的管理方式 → 内部招聘 ← 激励员工干劲

图2-9 内部招聘的意义

南方有一家企业,企业管理者为了打破陈旧的管理方式,激励员工干劲,于是选择从内部招聘10名年轻、有干劲、有能力的人担任部门总监并兼任企业监理。内部招聘任务交给了人力资源总监于红。于红说:"这是我们第一次组织内部招聘,以前企业从未进行过这样的招聘。如果进行这样的招聘,就需要参考其他企业的模板。"于是,于红找到同为人力资源部门负责人的朋友,朋友帮她制定了一系列的内部招聘计划。

于红说:"其实,这个招聘也叫内部竞聘,企业内部需要10名出色的管理型人才。虽然,企业内部有相关的考核,也有足够的储备干部,但是我们还需要通过这样的内部竞聘方式进行人才挖掘。"于红与企业董事长进行沟通后,制订了相关要求:

1.年龄28~40岁,不限性别;

2.本科以上学历；

3.有相关管理（含基础管理岗位）经验三年以上，任劳任怨，善于沟通，有强烈的责任心；

4.绩效考核成绩常年位于该部门（机构）前三名；

5.有相关管理和技能证书者优先。

方案制订会后，内部竞聘的公告发布在了企业内部网上，并且还张贴在宣传栏和海报栏里。这家企业拥有5000多名员工，虽然竞聘公告并未公布福利、待遇和年薪，但是员工们心里都明白，总监的年薪是多少，福利待遇有多好。王斌是该企业一位34岁的基层管理者，他看到公告之后，参加了竞聘，并投递了个人简历。于红看到王斌的简历后，决定给他面试机会，她说："王斌的年龄很合适，有五年的基层管理经验，而且是硕士毕业，拥有相关的资质证书，在部门有着出色的绩效考核成绩，几乎年年第一名。"王斌参加了面试，面试通过之后参加了笔试和董事长的面对面谈话。王斌确实出类拔萃，他很快就得到了一纸晋升令，从基层管理岗位跃升为企业部门总监。而这种一飞冲天的晋升更是激励了许多年轻员工，他们开始自学，报名培训班、考职称，企业因此掀起了学习热潮。

内部招聘有两种形式，一种是竞聘，另一种是举荐。某部门的王博涛33岁，也是高学历，并且在基础管理方面很有一套，甚至还有一套十分科学且有创意的理论。向董事长推荐王博涛的人是该企业的董事会成员，他对董事长说："这位年轻人非常有才华，而且很有前途。不仅学历高、技术过硬，而且很多人都服他，很有做管理、当领导的气质。最近，王博涛还出了一本管理方面的图书，我也看了那本书，理念非常先进，而且具有实操价值。所以，我觉得这个人应该是你要找的人。"当然，被举荐的人还需要一段严格的考察期，只有顺利度过考察期，才能上岗就职。在半年的考察期里，王博涛的表现非常好，几乎每一项考核都位列该部门第一，确实是一位不可或缺的人才。半年之后，王博涛成为部门总监，他很好地完成了上级交给的工作任务。

上述案例就是一个非常典型的内部招聘案例，我们企业的人力资源部门可以根据企业的要求，合理进行内部招聘，激活企业员工的工作干劲，引发竞争效应，让员工们通过自己的能力和本事获得人生中成长发展的难得机会。

猎头合作

许多企业都会选择与猎头合作，猎头公司能够为企业带来优秀人才。当然，猎头公司有其自身优势，其在某些领域内的渠道优势是其他招聘渠道所无法代替的。

如今，我国有上万家猎头公司，不同的猎头公司有不同的特点。当然，猎头公司主要是承接顶级人才的引进与招聘工作。许多企业遇到招聘难题时，就会与猎头公司进行合作。通常来讲，企业与猎头公司的合作是一种长期的、战略性的合作，猎头公司需要向企业收取合作费用，而不是中介费。在这里需要提醒一下：猎头公司与中介公司有所不同，猎头公司直接与企业签订合作协议，收取的是一种合作"过程费"，而不是一次性的中介费；中介公司收取的是一次性的中介费。猎头公司更像是合作公司，它是主动出击，寻找人才；中介公司更多的是利用自身资源对接中间业务。因此，中介公司有点像婚介所，而猎头公司更像是悬赏找人。如今，猎头公司同样缺乏高级人才，所以在数以万计的猎头公司中，有的发展得好，有的发展得不好。所以，企业或者企业HR首先要找到一家靠谱的、有实力的猎头公司才行。

一、靠谱的猎头公司

一家靠谱的猎头公司能帮助企业找到合适的人才，而不靠谱的猎头公司只能给企业带来经济方面的损失，消耗掉企业大量的寻找人才的时间和机会。什么样的猎头公司是靠谱的猎头公司呢？（如图2-10所示）

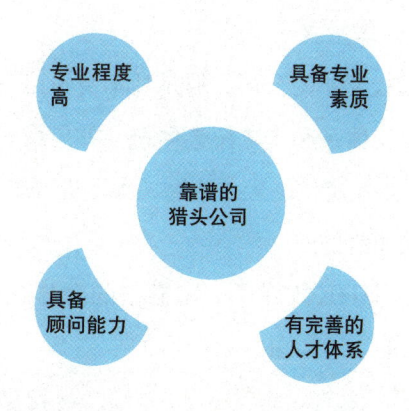

图2-10 靠谱的猎头公司的特点

1.专业程度高。

并不是所有的猎头公司都是全面型的，真正意义上的猎头公司贵在专业，甚至深耕在某一个专业领域里。如果一家猎头公司能够找到任何行业都需要的专业人才，那么企业HR一定要小心，这样的猎头公司很有可能是骗子。通常来讲，只有在某个领域内深耕多年，才能找到专业对口的人才。

2.具备专业素质。

寻找人才也是一项技术活儿，需要猎头公司拥有能够发现人才的人才和专业素质团队。如果一个猎头公司没有职业素养很高的团队，也就很难找到优秀人才。另外，猎头不是"卖人头"的公司。猎头虽然以盈利为目的，可最终目的还是打造品牌。因此，那些知名度较高的、品牌型的猎头公司或许更加靠谱。

3.具备顾问能力。

前面我们讲到，猎头公司也是顾问公司，能够给企业提供顾问服务，帮助企业解决与人才队伍建设相关的"疑难杂症"。如果一个猎头公司没有这样的能力，又如何向企业推荐最合适的人才呢？

4.有完善的人才体系。

猎头公司是寻找人才的公司，但是其本身也是一家人才公司，需要拥有一整套的人才发现体系和人才甄选体系。如果没有这样的体系，也就无法完成人才寻找、人才定位、人才甄选、人才推荐等工作。

二、与猎头公司合作

如果我们的企业HR找到了一家靠谱的合作伙伴，也就到了合作阶段。合作也有四步曲。（如图2-11所示）

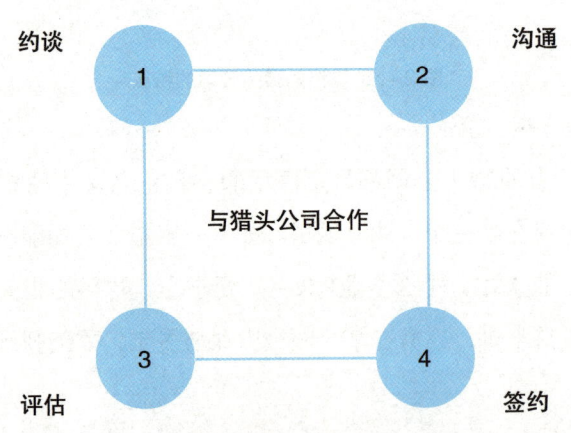

图2-11 与猎头公司合作"四部曲"

1.约谈。

两个公司想要合作，就要约谈见面，HR需要把企业相关情况和人才需求情况告知猎头，猎头也需要向企业提供相关的收费标准、服务流程和顾问方式。如果能达成初步意向，就可以进行第二步的详细沟通工作。

2.沟通。

沟通是一项重要工作，也是双方缔结合作协议、达成共识的工作。在这个阶段，企业HR应该将企业的详细情况，如企业文化、用人方式、岗位情况、人才需求、薪资待遇等一并告知猎头，由猎头为企业制定一系列的方案，或者合作说明。

3.评估。

开展任何工作都需要进行岗位评估，合作双方要一起做这项工作。在后面章节中，我们将会详细讲述岗位评估等相关内容，在此不再赘述。

4.签约。

最后一项就是签约工作，双方签订具有法律约束力的合作协议（合同）。合同签订之后，猎头按照协议规定开始"寻人"工作，最后将合适的人才推荐给企业，并完成相关人才签约与入职等工作。

如今，猎头行业里面也有其等级划分，就是猎头公司对自己的客户进行分级，有轻量级客户，也有重量级客户。但是，猎头公司不能对服务进行分级，如果你的猎头公司对你进行服务分级，你就要谨慎小心了！

第三章

精准筛选简历

简历筛选误区

经常有从事人力资源工作的新人问："如何从一大摞简历中找到最想找到的那个人呢？"这件事说难也难，说不难也不难，重点在于，我们的工作人员要避免掉进简历筛选的误区。简历筛选误区都有哪些呢？（如图3-1所示）

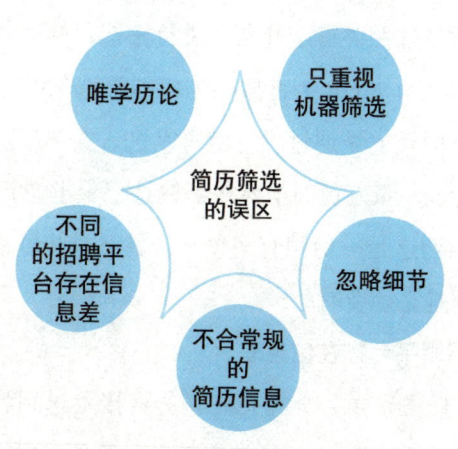

图3-1 简历筛选的误区

一、唯学历论

有些HR在招聘过程中特别注重学历，甚至是唯学历论。如某企业招聘10名员工，要求应聘者至少具备本科以上学历。因此，工作人员只看那些高学历者（本科以上学历）的简历，甚至按照学历高低进行排名。曾经有一家公司招聘了三名研究生学历的技术人员，最后发现，这三名技术性人员都属于书本技术，而非实战技术。这就很麻烦了，企业老板非常苦恼，因为他承诺给三名高学历者很好的待遇，但是现在他们无法适应岗位工作，老板不知如何解聘这三个新人。用当前流行的一句话说就是"招聘工作没有做好，给自己挖了坑"，这是非常麻烦的一件事。因此，HR筛选简历的时候，千万不要掉入唯学历论的陷阱和误区。除了学历之外，还要多看看简历中的其他内容。

二、只重视机器筛选

有一些大企业每年需要招聘许多人，纯粹靠人工进行简历筛选则工作量巨大，很难完成。因此，进行简历筛选时，许多企业会采用机器筛选的方式。机器筛选就是按照关键字和条件进行筛选，筛选过后，会快速形成一份招聘入围名单。许多HR会直接根据机器筛选的结果通知应聘者前来面试和笔试，只要面试笔试通过了，就可以进入实习期。在我看来，许多企业HR仍旧会选错入职人员。虽然机器筛选已经非常严谨了，但是仍旧需要人力筛选。虽然这是一份稍有些烦琐，甚至有些沉重的工作，但是人工筛选简历的流程是必须要有的。

三、不同的招聘平台存在信息差

许多HR工作任务繁重，会将招聘任务直接发送到各大招聘平台上，让平台进行信息发布和简历信息的收集工作。但是，也有许多应聘者会在不同的平台上发布不同的信息。如有一名应聘者在某招聘网站学历栏标注为本科，在另一招聘网站学历栏标注为大专。为什么会这样呢？任何一名求职者或许都有可能采取这样的投送简历策略，以快速找到工作。这时，HR需要做一份工作就是信息核对，以免掉入不同平台存在的简历信息差的误区中，同时也要拒绝这种存在欺骗行为的应聘者。此类应聘者存在道德风险，入职后也会给企业内的工作带来潜在风险。

四、忽略细节

虽然许多应聘者的简历都差不多，尤其是标准模板的电子简历，可以说几乎一模一样。那是不是所有符合条件的应聘者都具有相同的一张面孔呢？自然不是。如何从这些相同的面孔中找到最对的那个人？这就需要HR重视细节，而不是把符合条件的所有应聘者一网打尽。HR应该从应聘者的简历信息中找到不一样的东西，找到那些看似微乎其微实则很重要的信息。尤其是企业内的一些敏感岗位，则更需要一些更为严谨的员工。

五、不合常规的简历信息

也有一些简历信息是完全虚假的，而这些信息或许能逃过各个环节的筛查。有一家公司曾经要招聘一名有工作经验的、高学历的、资源人脉广泛的人做部门经理，结果HR收到的简历信息是这样的：20岁，有过销售总监的从业经历，本科毕业，拥有三年工作经验。这样的信息符合逻辑吗？肯定是虚假的。通常来讲，一名普通本科毕业的学生大概21~23岁，加上三年工作经验，差不多也有24~26岁，除非是工作能力特别强的人，才能在三年时间里做到销售总监的位置上。我们的HR千万不要被这些不合逻辑的简历信息所迷惑，多用心观察、分析，尽量避免让这种具有虚假信息的简历进入企业。

当然，简历筛选工作是一份需要仔细认真、逻辑缜密的工作。虽然这份工作也很枯燥，但它并不是一个难以掌握的技能。只要我们的HR避免陷入以上四种误区，基本就可以拿到正常的候选名单。

筛选简历原则

简历筛选有一套方案,更有一套原则。或许,这套原则并不是标准原则,但是本章节中我们所提供的这套简历筛选原则是一个比较通用的版本。当然也会有朋友问:"这样的统一原则适用于每个企业吗?"我想,90%以上的企业是适用的。这个筛选简历原则是被许多企业HR使用并证实有效的。这个原则包括以下几个方面。(如图3-2所示)

简历筛选原则:
- 坚持硬性指标
- 坚持应聘职位与企业发展方向一致
- 坚持简历内在逻辑的科学性和严谨性
- 坚持选择用心制作简历的应聘者
- 坚持筛选实际薪酬与期望值一致的应聘者

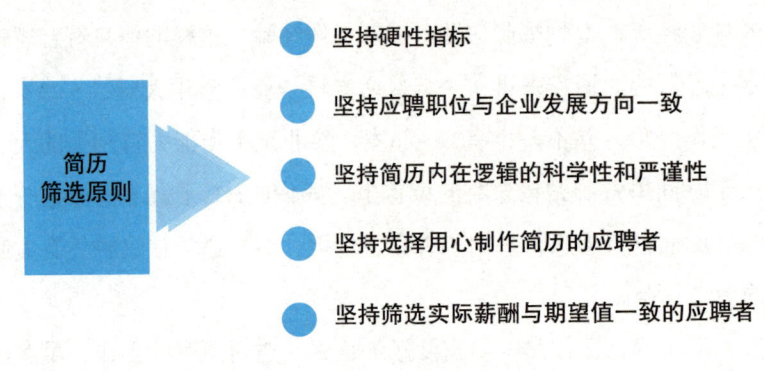

图3-2 筛选简历的原则

一、坚持硬性指标

有人说,企业可以对某些特别优秀的应聘者放宽标准,但是在众多投简历的人中,又怎么知道哪一位是优秀者呢?所以,在没有进入面试、笔试这个环节时,应该坚持硬性指标标准,绝不放宽标准,严格执行标准。(如图3-3所示)

坚持硬性指标
- 个人硬性指标
- 岗位硬性要求
- 工作时间硬性指标
- 工作岗位硬性指标
- 专业硬性指标

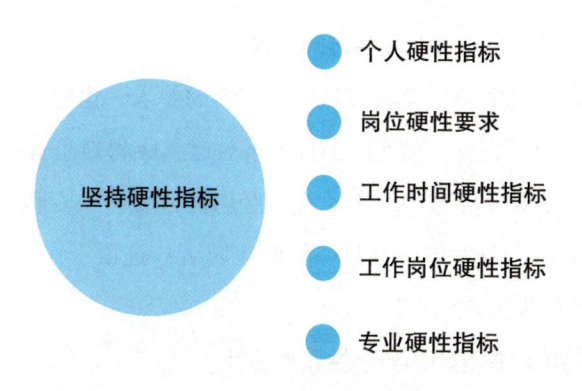

图 3-3 招聘中需坚持的硬性指标

1.针对个人的硬性指标有年龄、学历、工作经验、性别等，如果有一项不符合规定，就需要淘汰。可能还会有人问："年龄规定25岁以内，此人年龄26岁，但是其他都符合要求，这该怎么办？"如果后面还有25岁以内符合要求的，应坚持这个年龄标准。

2.针对岗位硬性要求进行选择，如果不符合岗位硬性指标，也需要直接筛选出去。

3.针对工作时间硬性指标进行选择。有些应聘者对工作时间有明确要求，不符合我们要求的应该快速筛选掉。还有一些应聘者有过多次跳槽经历，如果不符合企业用人战略要求，也应该快速筛选掉。

4.针对工作岗位硬性指标进行选择。查看企业要求的工作岗位与应聘者的意向岗位是否一致，不一致者要快速筛选掉。

5.针对专业硬性指标进行选择。企业通常要求专业对口，如果专业不对口，需要快速筛选掉。当然还有一个例外，即许多人专业不对口，但在某个领域内表现优秀。这时，就需要参照他在其他企业类似岗位的就职时间和所取得的成绩进行特定选择。

二、坚持应聘职位与企业发展方向一致

有些应聘者对某个职位有着强烈的、执着的要求，也愿意在这个职位上付出很大的努力。因此，我们的HR应该对这类应聘信息进行筛选，除了判断并筛选出职业发展方向对路、工作经历符合要求的应聘者外，还要筛选出应聘职位与企业发展规划相一致的应聘者。这项工作，需要HR耐心、细心，坚持标准去做。

三、坚持简历内在逻辑的科学性和严谨性

就像上一章节中我们讲述的那样，有些简历上的内在逻辑存在问题，这些简历极有可能是隐藏陷阱的简历。如，某某，硕士研究生学历，三年工作经验，曾经在某企业管理部门担任部门领导，年龄24岁。其实，这就是一个不符合逻辑的简历。一个人硕士研究生毕业通常要24岁以上，加上三年工作经验，也就到了27岁。所以，这种不符合逻辑的简历应该快速筛选掉。还有一些简历，其工作时间、工作经验累计也是互相矛盾的，也应该淘汰掉。

四、坚持选择用心制作简历的应聘者

如果一个人只是为了找一份工作，但是连制作个人简历都不用心，如何能在工作岗位上尽心尽责呢？有句话说："对自己都不用心的人，对其他人和其他事都不会用心。"企业要选择那些对自己用心、对简历用心的应聘者，看简历书写是否标准，是否全面，是否存在错别字等。选择用心制作的简历，也就意味着选择了用心应聘的应聘者。

五、坚持筛选实际薪酬与期望值一致的应聘者

如果一个企业给出的岗位薪酬是8000元，而应聘者的期望值是10000元，这就不符合应聘要求了。还有一些企业需要那些能长期在企业奋斗的员工，而某些应聘者需要一些更加难以满足的条件，这也不符合企业的招聘要求，这一类简历也应该快速筛选掉。

如果我们的企业HR在筛选应聘者简历的时候，坚持以上五个原则，基本上就能够成功帮助企业筛选到有潜力的应聘者了。

筛选简历妙招

HR筛选简历除了要防止掉入误区和坚持筛选原则外，还可以运用一些妙招、方法。当然有人也会问："坚持原则、防止误区不就可以了吗？"当然，想要从众多简历中筛选出最有意义、最有价值的那一份简历并不是一件容易事。曾经有一家世界500强企业招聘高管，给出的薪水、待遇等条件都是令人羡慕的，但是只有一个职位，竞争这个职位的优秀人才却有数百人，单纯通过机械性的筛选是不够的，更要掌握一些方法。前面我们讲到的硬性指标筛选只能筛选出一个大概范围，真正的简历筛选工作都是在此之后进行的。当然，许多企业也引进了人工智能技术来代替人工筛选。数连通平台刊发的一篇名为《人力资源RPA：数连通运用人岗匹配AI算法自动筛选简历》的文章这样写道："数连通·数据智能机器人（以下简称"数连通"）基于DaaS+RPA+AI技术，推出行业解决方案，即智能筛选人才简历流程模板，可以帮助HR快速、高效、精准地自动筛选出适合企业招聘需求的简历。还可以根据HR自定义的岗位基本要求，批量且精确地在智联招聘、BOSS直聘、拉勾网等招聘网站上自动搜索出符合条件的简历。"当然，这样的技术和软件也越来越多，能够帮助许多企业提升简历筛选和人才搜索的效率。如果一家企业还没有使用这样的人工智能工具，就需要采取一些选人小技巧去筛选简历了。（如图3-4所示）

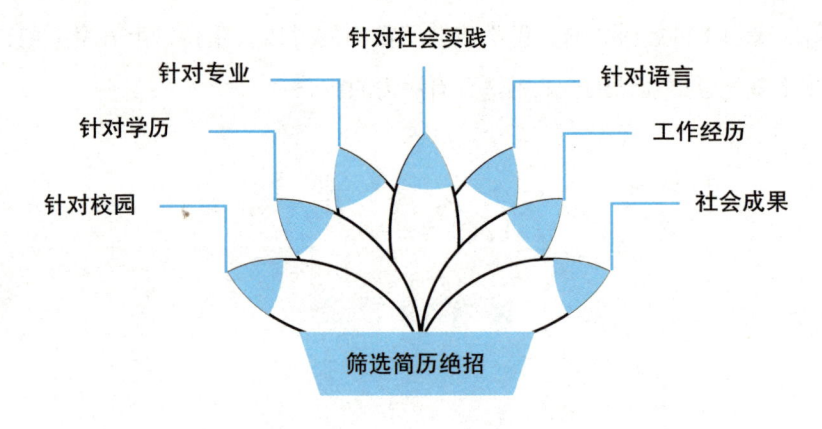

图 3-4 筛选简历绝招

一、针对校园

学生毕业之后，都会面临就业问题，一般都会投递简历找工作，许多企业都会有校园招聘或者针对毕业生专场的招聘会。有些企业会选择211或者985等名校，从海量的简历中筛选出最为知名的大学的毕业生简历，然后进行学校知名度排名，从中选择最出色的。还有一些企业如银行、保险公司等，会选择相应对口的大学毕业生，如金融专业类；更有一些企业有自己针对学校专业的偏好。深圳的一家人工智能机器人公司偏向选择哈尔滨理工大学这类学校，这类学校的机器人相关专业在业内是非常有名的。

二、针对学历

有一些企业会在学历方面有一定的要求，如一些研发型企业。在研发领域内，一般需要较高学历去支撑。某生物制药企业聘请医药研发工程师就直接要求生物工程专业的硕士研究生以上学历。如果应聘者有博士学位或者博士后头衔，就会在这类招聘中脱颖而出。还有一些企业有特殊岗位，这些特殊岗位要求员工能够吃苦耐劳，但是对学历没有严格要求，就会主动降低学历要求，在简历选择上，偏向于能力或者性格属性。

三、针对专业

许多企业完全是按照专业选人，对应聘者的专业要求比较高，当然对名校、高学历、相应专业毕业的应聘者的简历更感兴趣。如果某医院招聘一位临床骨科医生，其中一份简历标注是某省医科大学临床专业硕士，另一份简历标注中国医科大学临床专业骨科硕士，那么一定会选择后者。

四、针对社会实践

在校园招生，或者在针对大学毕业生的招聘中，许多企业会侧重于学生社会实践这一块，尤其是一些管理方面的工作岗位。有过学生会任职或者学生团体管理经验的学生应聘者会令这些企业、组织更感兴趣。还有一些企业的营销类岗位会对某些曾经有过校园营销经历的学生感兴趣。社会实践是学生提前适应社会的一种经历，有这样的经历，会让他对社会有比较充分的认识，使他能更快地融入社会团体和企业团队。

五、针对语言

有语言需求的企业也很多，尤其是外企和合资企业，甚至外贸企业。这类企业需要员工熟练掌握1~2门外语，且外语水平越高，越受相关企业欢迎，因此某些特定企业要能够从许多简历中快速找到外语水平更高的应聘者（当然也要考虑综合能力）。

六、工作经历

还有一些企业需要有工作经历的应聘者，其初衷可能是需要即用型人才，而不需要花费更多精力、资金去专门培养。当然，更多企业会寻找工作经验丰富但是却几乎没有跳槽经历的应聘者。

七、社会成果

更有一些企业组织需要一些拥有一定科技成果或者技术专利的高端人才，这样的筛选会变得更为垂直和直接，谁的成果多，谁的专利技术多，谁拿过重大科技成果奖，谁就会脱颖而出。

如果我们企业的HR使用上述技巧和办法，在人岗匹配的情况下，就能快速找到最适合于企业的那位或者几位，之后就可以向应聘者发出面试、笔试邀请了。

哪些简历值得再看

如果上述三项工作就是全部的筛选简历的工作，那肯定是不完美的，至少还有一些特别值得关注的简历，可以再看一遍。那么，到底还有哪一些简历值得我们的HR再去看一看呢？（如图3-5所示）

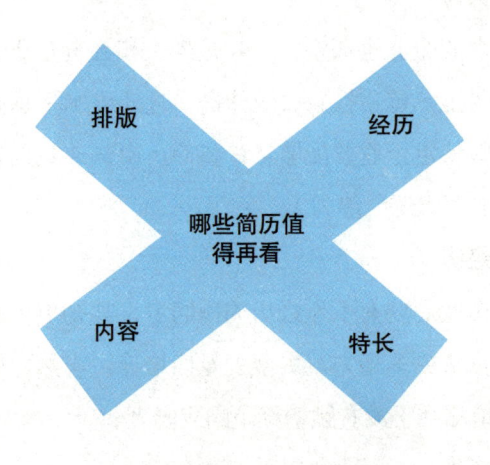

图 3-5 值得再看一遍的简历

一、排版

一般情况下，简历不会让人有眼前一亮的感觉。往往能给HR留下较深印象的都是排版更好、设计更精美的简历。通常来讲，能够精心设计简历的人是用心的，至少对自己是用心的；对排版有严格要求的人，一定也是一个对自己严格要求的人。如果遇到这种令人眼前一亮的排版特别好的简历，一定要多留意一下，多看一下，甚至可以再关注关注这个应聘者。

二、经历

上面我们提到了经历，但是还需要在这里补充一下。许多企业招聘人才是非常看重他的人生经历的。有些人的简历上，也会充满了经历，他会十分仔细地将自己的经历写上去，如：

2012年在某企业负责什么项目，从事什么岗位，有过怎样的业绩；

2015年在某公司从事什么岗位，负责什么项目，有过怎样的业绩；

以此类推。

我想特别说明的是，应聘者重视自己的经历，把自己的经历写得详细且明了，会将自己的更多信息传递给招聘单位，也更能引起HR的注意。反过来说，重视自己经历的人通常有自己的想法，这样的想法值得我们的HR去特别关注和留意。

三、内容

通常来讲，大多数简历都是千篇一律的，不外乎学历、年龄、毕业院校、所属专业、薪资要求、工作愿景等。但是在这些简历里面，也有一些内容不太一样的简历，如某些简历特别一点，某些简历的内容更加干净、直接，不拖泥带水。这些简历至少值得留意一下，尤其在内容大同小异的情况下，仔细观察，找到那些大同中的小异。当然，HR会对事实内容和简历上的数字更感兴趣。有一位应聘世界500强企业的应届毕业生写的简历内容与许多数字相关，这些数字都与自己参与的社会实践有关。这种被量化的简历是非常值得一看的，重视事实和数字的人，通常是对工作或者生活较为严谨的人，一些可量化的工作岗位，特别需要这类型的人才。建筑人才招聘网上有一篇名为《企业HR最喜欢的简历》的文章写道："例如，他写了很多优点，工作认真，能吃苦耐劳，具有团队精神、创新精神，有较强的适应能力、较强的沟通能力等，这些空话千篇一律。与其写这篇文章，不如写一下你做了什么学生作业，组织了什么活动，取得了什么成绩，以及你兼职销售了多少产品。"

四、特长

有许多人的简历上并不会标注特长这一项，没有特长的人，可能是一个生活没有情趣的人、守旧的人、毫无兴趣爱好的人，这些人会显得非常平凡。但是，也有一些人会把自己的兴趣爱好和特长写进自己的简历里。如果在许多筛选出来的简历中，有些人的简历对自己的兴趣、爱好、特长进行了相关描述，那么这样的简历值得多留意一下。有一个文化传媒企业招聘传媒方面的员工，其中有一份简历引起了这家公司人力总监的注意。这份简历中有这样的描述：我喜欢读书，特别喜欢哲学书和人文小说，喜欢作家雨果和哲学家康德。正因为有这样一段描述，传媒公司的总监便给了他一个特别机会。最后，这个应聘者果然不负众望，应聘成功。有人问："为什么这家传媒公司的人力总监会特别留意应聘者的这项兴趣爱好呢？"这个总监给出的答案是："文化传媒公司需要员工有爱读书的爱好来支撑自己的岗位工作，这样在传媒文案撰写方面才有足够多的素材。如果一个人连书都不爱读，那怎么能做好文化传媒这项工作呢？"

当然，还有一些值得特别留意的简历，如有连续晋升经历的简历，有名企从业经历的简历，获得过重大奖励的简历等都非常值得再看一遍，目的在于不漏掉任何一名优秀人才。

第四章

邀约面试者

邀约前的准备工作

想要做好一件事，就必须进行提前准备，哪怕只是对应聘者的邀约。有些HR并不会进行准备，他们认为：打个电话或者发条短信就好，为什么还要搞得那么复杂？在我看来，任何工作要想做得有条不紊，就要进行计划安排和相关准备工作。有些应聘者前来面试，面试过程中可能会出现各种各样的问题，有相关问题解决预案的面试，才能顺利进行。邀约前的准备工作都有哪些呢？可以有以下七项工作。（如图4-1所示）

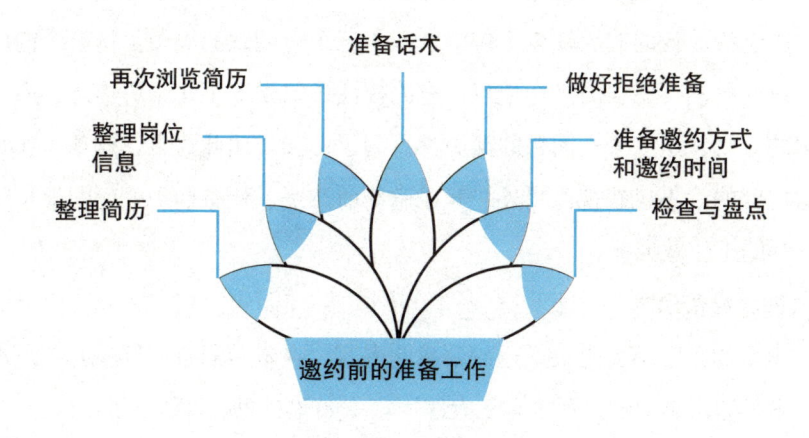

图 4-1 邀约前的准备工作

一、整理简历

第三章我们讲过了筛选简历，筛选简历是为邀约和面试做准备的。因此，HR要对所有的简历进行整理，尤其是筛选出来的简历，按照相关顺序整理好。

二、整理岗位信息

不同的简历对应着不同的岗位，应该分门别类地进行整理。把关于营销部门岗位的简历放在一起，把关于生产部门岗位的简历放在一起，不得出现混乱，否则会出现临时抱佛脚的尴尬状况。养成分门别类、整理汇总简历的习惯，这也是HR的工作修炼之一。与此同时，将电子版的简历打印出来，并汇编在一起。

三、再次浏览简历

为什么要再次浏览简历？浏览简历的目的在于查找漏洞，并且对某些存在问题的简历进行标注。有一家外企的HR特别重视这项工作，她曾经在一次邀约前夜的简历检查工作中发现了三个有问题的简历。这三个简历中，有的标注了错误的工作地点，有的标注了错误的工作经历信息。后来面试的时候，这三个有问题的简历都得到了证实。由此可见，这项工作是非常重要的，不可忽视。另外，养成邀约前浏览、检查简历的好习惯也是为后续的工作做准备。

四、准备话术

本章的第三节就是关于邀约话术的内容，在本节只进行简单介绍。准备话术是非常重要的，话术有三大作用。（如图4-2所示）

会说话的重要性

邀约话术让沟通更顺畅

话术有三大作用

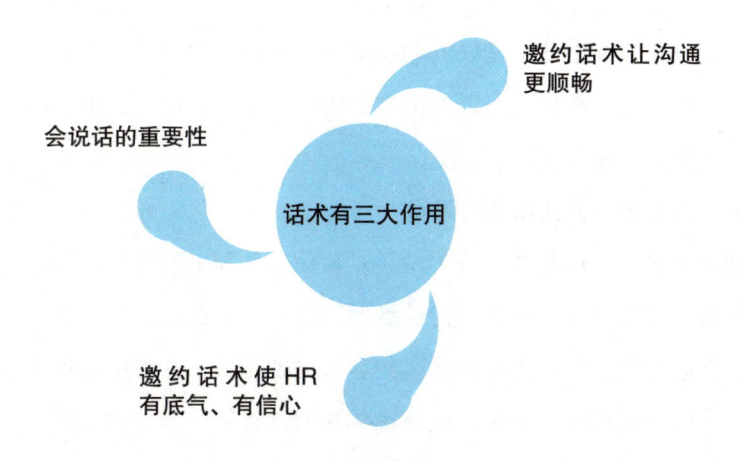

邀约话术使HR有底气、有信心

图 4-2 话术的三大作用

1.提前准备好的话术可以让邀约沟通过程更加顺畅，毕竟，邀约话术是企业方与应聘方的第一次"见面"，给应聘者留下良好的第一印象是非常重要的。

2.在HR圈子里有这样一句话："一个不会说话的人怎么能做好人力资源工作呢？"如果一个口才一般的人从事了人力资源工作，更需要对话术进行提前准备。

3.提前准备邀约话术，可以在邀约过程中更加有底气、有信心。尤其是面试高管岗位的应聘者时，如果HR邀约底气不足，就会被前来应聘的人瞧不起，这一点很重要。

五、做好拒绝准备

并不是所有的邀约都是成功的，有可能被应聘者拒绝，也有可能要拒绝应聘者。有一家企业HR常年负责招聘工作，由于该企业是劳动密集型企业，每年都要招聘大量工作人员，工作十分繁重，且十分枯燥。即使如此，这家公司的HR还是非常负责，提前做好准备。如果遭到应聘者的拒绝,他们也会表现出非常良好的职业素养,并耐心地询问:"为什么不来我们公司看一看?有什么可以帮助你的吗?"并且,他们会进行有针对性的随访,继而确保完成整个工作。

六、准备邀约方式和邀约时间

通常来讲,邀约的方式分为两种:短信邀约和电话邀约。短信邀约对时间的要求比较宽泛、自由,无论针对待业者还是在职者都是合适的,这也是当前邀约的主要方式。电话邀约显得更加正式,并且能体现出招聘方对应聘者的重视程度。但是,电话邀约对通话时间的要求较为严苛。(如图4-3所示)

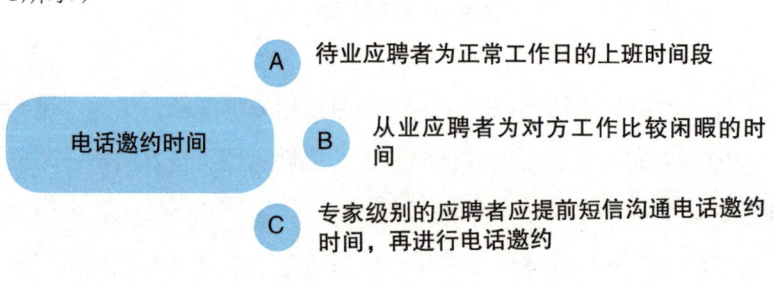

电话邀约时间
A 待业应聘者为正常工作日的上班时间段
B 从业应聘者为对方工作比较闲暇的时间
C 专家级别的应聘者应提前短信沟通电话邀约时间,再进行电话邀约

图4-3 合适的电话邀约时间

1.电话邀约待业应聘者,可以选择正常工作日的上班时间段。

2.电话邀约从业应聘者,就需要选择对方比较闲暇的时间。

3.电话邀约专家级别的应聘者,就需要更加谨慎地选择邀约沟通时间,有些人会提前通过短信沟通电话邀约时间,然后再进行电话邀约。

七、检查与盘点

当前面六项工作全部落实完毕后,还需要对所有的工作、环节再进行一次检查和盘点,以查缺补漏。

工欲善其事,必先利其器。养成良好的准备工作习惯,认真做好每项工作,是HR进行邀约前非常重要的环节。

邀约的原则和步骤

邀约工作分为邀约原则和邀约步骤。（如图4-4所示）

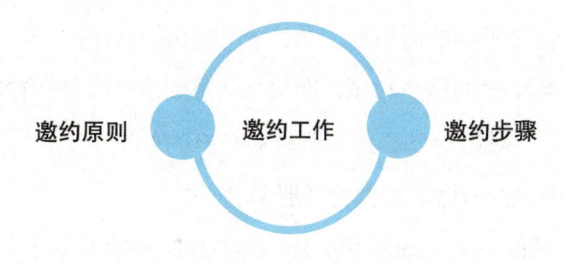

图 4-4 邀约工作

邀约不仅需要精心准备，也要讲究原则，并按照相关步骤去安排面试邀约的相关工作。这些工作看似简单，实际却需要HR非常用心。在这里，我们需要补充一下HR邀约的注意事项，这些注意事项可能是老生常谈，但却是不得不去做和不得不注意的事项。（如图4-5所示）

邀约注意事项
- 要充分了解应聘者的相关信息
- 注意打电话的时间
- 给前来面试的应聘者提供相关服务
- 解疑答惑

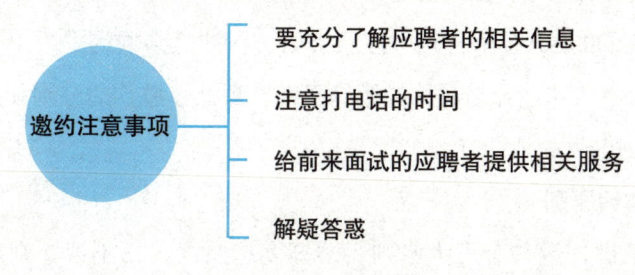

图 4-5 邀约注意事项

1.要充分了解应聘者的相关信息。

有些HR准备工作做得不到位，应聘者参加面试的时候，无法将应聘者与简历信息做到对应，甚至还有叫错名字的时候，这是不尊重应聘者的表现。还有一些HR做错了也会表现出趾高气扬、高高在上的样子，这是极不尊重应聘者的表现。这些不好的职业行为都应该被HR"拒之门外"。

2.打电话的时间要注意。

前面我们讲到了邀约时间的科学选择，对三种（三种以上）不同的应聘者应该选择三个不同的时间段，再次重复强调的目的在于，这是一个关键点，更是一个重要的注意事项。另外需要提醒的是，任何邀约都不要占用应聘者的休息、休假时间，这同样是对对方的尊重。

3.给前来面试的应聘者提供相关服务。

给前来面试的应聘者提供相关服务是HR的一项基础工作，比如给予地址导航、乘车路线等。

4.答疑解惑。

前来面试的应聘者会提出一些疑问，针对这些疑问，HR要做出耐心回答。如，关于企业和岗位的基本资料，关于发展蓝图和规划，关于企业价值观，关于薪酬、价值体系，关于晋升制度，关于休假等，这些问题都是应聘者关心的问题，都需要进行一一解答。

只有我们的HR了解了这些注意事项，在注意事项的提醒下，在充分的资料准备下，才能开启具体的邀约工作。那么，邀约的原则和邀约的步骤都是什么呢？

一、邀约原则

通常来讲，邀约有三大原则，即高姿态原则、三不谈原则、专业原则。（如图4-6所示）

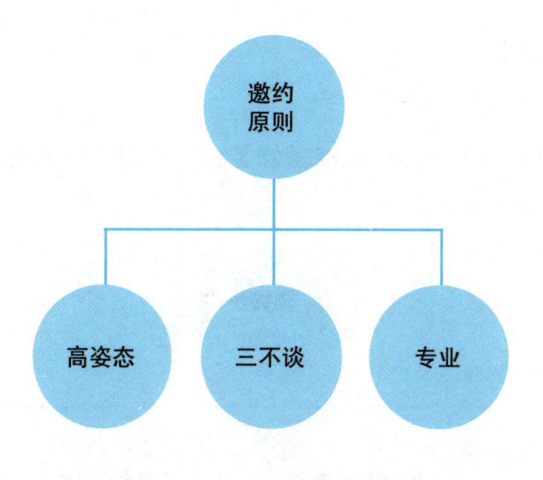

图 4-6 邀约原则

1.高姿态原则。姿态代表着HR的整体形象，所谓姿态高，就是用这样的姿态告诉对方："瞧，我给你介绍了一份好工作，非常值得一试！"高姿态与高高在上是完全不同的，高姿态是一种基于职业素养和工作岗位的工作姿态，而不是一种傲慢的态度。

2.三不谈原则。前面我们讲到了提供解惑服务等工作，但是这并不意味着所有问题都要进行解答。一方面，邀约需要控制时间，通常在两分钟以内；另一方面，尽量做到不谈制度、不谈产品、不谈其他应聘者等。三不谈的目的在于引发应聘者前来应聘的好奇心，至于具体哪三个方面不谈，需要HR提前安排好。

3.专业原则。邀约是一份有技术含量的工作，无论是前期准备，还是邀约的时间选择、邀约过程的时间控制以及邀约的话术选择，这些都是专业的，有些企业也会对HR进行专业培训。专业人做专业事，其专业性同样需要体现在筛选简历和应聘者邀约这样的看似简单的工作上。

二、邀约步骤

邀约都有哪些步骤呢？

当前面的所有工作都已经准备好了，邀约的步骤大概有以下几步。（如图4-7所示）

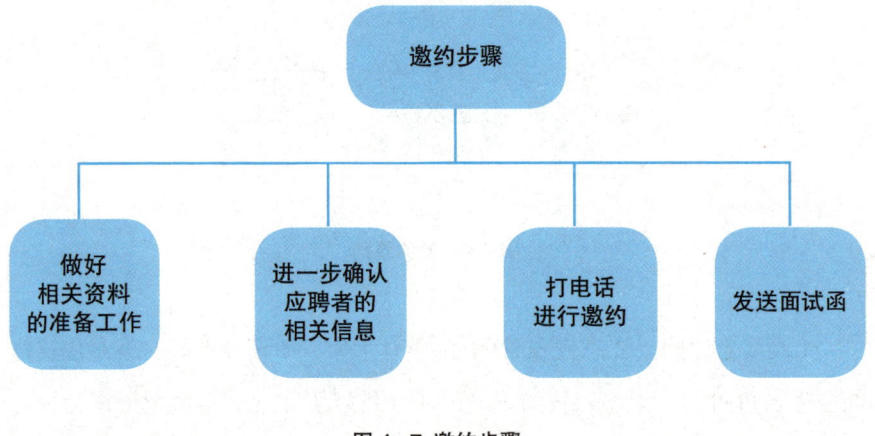

```
                        邀约步骤
        ┌───────────┬───────┴───────┬───────────┐
     做好相关      进一步确认      打电话        发送面试函
     资料的        应聘者的        进行邀约
     准备工作      相关信息
```

图4-7 邀约步骤

1.做好相关资料的准备工作，如简历的整理与准备，在电话（信息）邀约前把所有的工作做好。

2.进一步确认应聘者的相关信息，尤其是关键信息，并进行标记。如果有特别需要关注的应聘者的简历和相关资料，可以单独做好备注，邀约沟通的时候，提前准备一些有计划的东西。

3.打电话进行邀约，将公司的面试地点、面试时间、乘车信息、所需材料等一一告知前来参加面试的应聘者，并为应聘者简单解答相关问题（必须坚持三不谈原则），留下相关联系方式，方便参加面试的应聘者随时联系沟通，既提升邀约工作的效率，也能进一步帮助应聘者解惑。

4.发送面试函，再一次告知参加面试的应聘者详细的面试地点、面试时间、相关岗位信息（可以简单描述岗位特点和岗位薪酬，提升应聘者的应聘兴趣）。通常来讲，面试函都是电子版的，就像一张电子名片，也可以把企业的相关信息发送给对方，这样也能起到企业宣传与推广作用。

如果我们的HR能够坚持邀约原则、按照注意事项，按部就班地做好相关工作，就能顺利完成这项看似简单又不简单的工作。

邀约的常用话术

前面我们已经提到邀约的话术了，话术就是沟通话术，人与人之间的交流离不开话术。会说话的人，不仅能给对方留下好印象，而且还能解决大问题。HR需要话术，更需要掌握一种沟通技巧。世界500强的一些优秀HR总能给人一种语言干净直接、表达逻辑清晰、仿佛受过专业培训般的感觉，越优秀的HR越会给人一种职业的高级感。电话邀约时，既要区分对象，也要注重语气和节奏。

黄瑾是国内某企业的HR，从事HR工作多年，在招聘方面做得非常出色。她说："我希望通过我们的外部招聘方式把最好的人才引入我们公司。与此同时，我还希望这些应聘者能够看到我们公司的良好口碑和形象，即使没有选择我们公司，也不后悔参加我们的招聘。"因此，她所做的第一项工作就是打造自己的专业形象，让自己拥有良好的个人形象。好形象应该从哪里来呢？有人说："好形象要有得体的妆容、得体的肢体动作、稳重的表情等。"事实上，良好的形象源于表达，尤其是语言表达。

黄瑾非常注重话术训练，她几乎每天都在坚持训练。多年的训练让她练就了一副好口才和沉着冷静的好性格。曾经有一位外地应聘者到黄瑾的公司求职，邀约电话打通之后，应聘者提出了许多问题，这些问题都很关键，都需要黄瑾做出专业度、真诚度很高的答复。

应聘者说："我是外地应聘者，如何才能找到贵公司？"

黄瑾有一个工作微信号，通常她会这样做："您有微信联系方式吗？我加您微信，然后给您发送公司地址。"

应聘者说："好的，谢谢！"

应聘者接着又问："如果从火车站下车，去公司怎样走比较方便快捷？"

黄瑾十分耐心地回答："所有的外地应聘者，公司都有专人接站，接站人会在出站口举一个牌子，您看到牌子之后联系他，他会统一安排接您来公司。"

应聘者说："我还想问一下公司的待遇问题，如果面试成功，进入贵公司，贵公司给安排住宿吗？"

黄瑾说："只要您面试通过，进入本公司就职了，我们立刻会安排住宿。公司配有人才公寓，而且住宿只需要每个月缴纳120元水电费，没有其他费用了！"

应聘者听到这则信息之后，非常放心。他认为，自己应该来对地方了。黄瑾说："现在的应聘者与几年前的应聘者有所不同，他们会提前把问题准备好，知道哪些问题该问，哪些问题不该问，现在的应聘者比以往更加专业了。"也有人问黄瑾："他们会问待遇、岗位、休假之类的问题吗？"黄瑾说："很少有人问，因为还没有过面试这一关；如果他们问及，我们也有一套自己的解答方式，我能把握哪些可以回答，哪些不能回答。"

黄瑾的故事就是一名优秀的HR的工作故事，她给对方一种谦和、稳重、温暖、职业的感觉，从侧面传递出公司的良好形象。当然，电话邀约话术也有几点注意事项。（如图4-8所示）

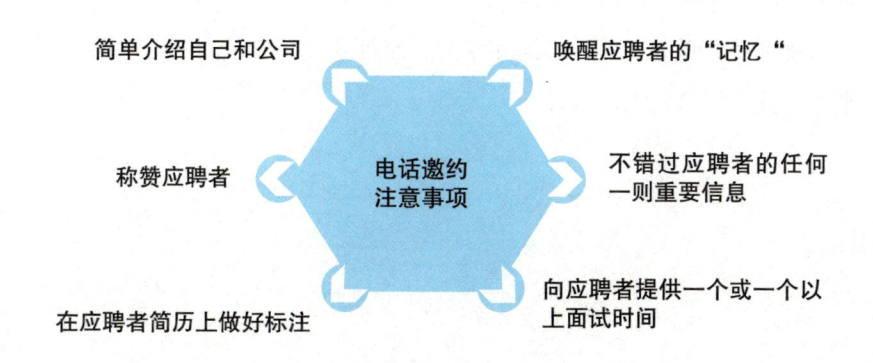

图 4-8 电话邀约注意事项

电话邀约注意事项：
- 简单介绍自己和公司
- 唤醒应聘者的"记忆"
- 称赞应聘者
- 不错过应聘者的任何一则重要信息
- 在应聘者简历上做好标注
- 向应聘者提供一个或一个以上面试时间

1.如果是电话主动邀约，HR要询问一下对方，是否方便接听电话。如果对方方便接听，然后按部就班地简单介绍自己和公司，并把公司的相关优势进行一下描述；如果对方不方便接听，可以与应聘者再约定时间进行沟通。

2.有一些应聘者投了许多简历，有可能会忘掉其中一家或者几家公司，这都是正常的。HR邀约电话还有一个功能就是唤醒应聘者的记忆，告诉他什么时候投送了简历，从什么网站投的简历，投了什么岗位等，当应聘者的记忆被唤醒，才可能接受电话应邀约。

3.适当地称赞应聘者会提高邀约成功率，如用肯定的、表扬的语气对应聘者表示认同和欣赏。

4.一定要在邀约过程中认真倾听，不要错过应聘者的任何一则重要信息，这同样很关键。

5.如果电话沟通达成一致，形成共同的面试约定，还需要在与之相关的简历上进行标注，以备后续工作。

6.向应聘者提供至少一个，最好是一个以上的可面试时间，让应聘者根据自己的实际情况进行选择。

如果我们的HR把话术训练到位，掌握了话术技巧，并掌握以上注意事项，就能把这份工作做好。

第五章

面试应聘者

为什么要面试

为什么要面试？按理说，这是一个很容易解答的问题。面试，就是通过"面对面"考试的方式再一次全面了解应聘者（如图5-1所示）。古人看相识人的方式，也是一种面试的方式。所以说，"面试"自古以来就有了。据记载，秦朝时期就有专门的面试官，名曰"相工"。此"相工"非彼"相公"，是专门从事"看面相"的官吏。

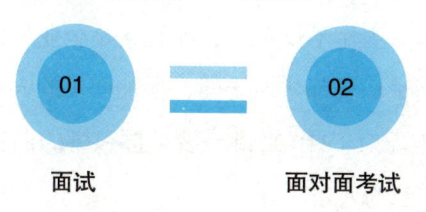

01 面试 = 02 面对面考试

图5-1 面试与考试的关系

中国古代也有许许多多关于"面试"的奇闻妙事。主动参加面试的第一人应该说是八旬老翁姜子牙。他与老妻"离婚"后，听说文王招聘精英便来到渭水之滨，还想出了直钩钓鱼的妙招，让文王搬来八抬大轿请他入朝做官。当然，姜子牙绝非寻常之人，不是文王给他面试的机会，而是姜子牙给了爱才的文王一次机会。当然，这堂本末倒置的面试流传青史。再说说孔子的故事，孔子有远大的抱负，但是年轻时只在鲁国当过一个小小的官吏，他又怎会止步于此？于是，他开始云游列国，参加各种各样的"面试"。当时，孔子的儒家思想没有用武之地，帝王们并不喜欢他的那一套，也没有给他什么"面试"机会，最后他还差点丢了性命。作为应聘者的孔子，虽然"面试"失败了，但是这并不影响孔子此后的影响力。

华为是一家世界500强企业，也是一家非常重视面试的公司。任正非说："面试最重要。"任正非甚至还说过这样一段话："我们要改变过去大呼隆的招聘方法，真正的专家、主管不上前线，HR看简历面试又不深刻，导致大规模进人、大规模走人。不仅对公司不负责任，而且对员工也不负责任。"面试对招聘公司很重要，对应聘者也很重要。面试的过程，既是一个双向选择的过程，还是一次彼此加深认识的过程。通过面试，招聘单位对应聘者有了更深入的认识，这种认识是在应聘简历的基础上进一步加深。应聘者也是如此，如果一个企业连面试环节的工作都做不好，这家公司能靠谱吗？面试工作不仅重要，而且还是企业形象的展示窗口。许多世界知名企业的面试场景都是名场面，参加面试的人才络绎不绝，这给企业打了无形的广告。对于HR来讲，要掌握科学的面试技能，才能在面试中找到企业真正需要的人才。

面试前的准备工作

面试不仅仅是应聘者的事，也是HR的事。如果准备事项没有落实到位，就会出问题。曾经有一家公司，这家公司准备招聘50名技术岗人才，并且从300多份简历中选中了100人，再采取面试的方式，从100名应聘者中选出50名。人力资源主管将面试任务交代给了面试专员，面试专员是年轻人，没有多少工作经验，也不知道如何提前进行准备。有一名年轻的面试专员说："只要把面试场地协调好就行了，面试的试题反正都有了，很简单的！"事实上，有他们说得那样简单吗？肯定没有。当这100名应聘者来到公司进行面试的时候，年轻的面试专员就傻了眼，他们竟然忘记提前准备应聘者的简历信息了，只能临时通知参加面试的应聘者："真对不起，我们有一个环节疏漏了，请给我们一个小时准备材料，一个小时后咱们的面试再开始！"这是一件非常尴尬的事，尴尬的不是参加面试的应聘者，而是这家公司和这家公司的人才资源部门。一个小时后，面试专员的准备工作依旧没有做好，参加面试的100名应聘者已经走了22名。为什么会这样？其中一个转身离开的应聘者说："不尊重我们时间的人就是不尊重我们，每个人的时间都是宝贵的，我可不希望把自己的职业生涯浪费在这样的公司。"等面试所有的资料准备好时，来参加面试的100名应聘者只剩下了66名。试想一下，转身走掉的34名应聘者里，是不是有更优秀的技术性人才呢？如果面试工作没有准备好，就会造成这样的损失。因此，面试的准备工作是非常重要的，它可能并不像年轻的HR想象得那么简单。还是古人那句话："工欲善其事，必先利其器。"对于上战场的士兵而言，要检查自己的装备是否齐全？子弹带了吗？干粮带了吗？军事地图带了吗？指令收到了吗？安全装备都检查了吗？这些问题甚至关系到生命安全。HR工作也是一项关系到企业生命的工作。那么，HR到底应该提前做好哪些准备呢？（如图5-2所示）

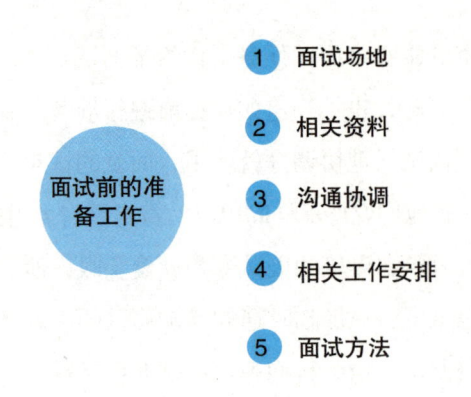

```
面试前的准备工作
  1  面试场地
  2  相关资料
  3  沟通协调
  4  相关工作安排
  5  面试方法
```

图 5-2 面试前的准备工作

一、面试场地

面试需要一个场地，若参加面试的人比较多，就需要一个较大的场地；若参加面试的人少，则可以选择一间办公室。场地大小的选择，与参加面试的人数有关。如果企业内部有特殊规定，那么把面试场地协调安排在第三方也未尝不可。

二、相关资料

参加面试的所有人员的简历、面试表、信息登记表、面试考卷、可能用到的纸和笔都要提前准备好。本节开篇讲述的那个案例，就是因为简历没有提前准备好而耽误了面试时间，给企业造成了不良影响。与此同时，HR还要将所有参加面试的简历信息再次筛选、核实一遍，看哪个人的简历需要标注或者需要特别关注，以便在面试过程中进一步观察。

三、沟通协调

面试前的沟通协调工作也是非常重要的。如某企业研发部门招聘技术人才，而HR对这些技术并不了解，这时就需要提前跟研发部门进行沟通，以便了解技术岗的特殊需求，看他们对人才还有哪些要求，需要在面试中如何交代。当然，许多企业的内设岗位也有自己的面试题，也可以直接邀请某些岗位的负责人参与面试工作。

四、相关工作安排

面试是一项具体的工作，上面有总负责人，下面有具体执行人，对于负责人是谁，执行人是谁，必须要提前落实好，不能打无准备之战。负责人负责哪些工作内容，执行人负责哪些工作内容，也必须要有详细的分工。在某些工作中，由于责权不清，也会出现相互推诿扯皮的现象，责任明确，责任到人，是开展任何工作的前提，不仅仅只是面试工作。除此之外，面试工作还要有具体、详细的规划，面试一个人需要多长时间，一天要面试多少人、通知多少人，面试结束后的相关工作安排（如接送等）也要形成计划方案。

五、面试方法

选择并确定面试方法。下一节我们会具体讲述面试方法的重要性与方法的选择，在这里不做赘述。

如果我们的工作人员能够将上述五个方面的工作提前落实到位，就能顺利开展面试工作了。

面试方法的选择

面试的方法有很多种，但是要选择适合本公司招聘特点的面试方法。有一些公司招聘人数较少，往往招聘的是个别重要岗位，这样的面试通常由公司的某些领导直接参与。记得有一家大型企业公开招聘一名副总，要求这位副总拥有10年以上管理经验，并且在大型公司有较好的工作业绩。后来，来这家公司面试的有10个人，面试他们的人，就是公司董事长。这位董事长说："招聘的副总，不是给某个部门安排的，而是给我自己安排的助手；既然是我选助手，面试选拔人才的工作必须由我亲自出马，否则我也不放心啊，我要知道未来的助手和合作伙伴是什么样的。"因此，在不同的情况中，HR要选择不同的面试方法，面试方法通常有以下几种。（如图5-3所示）

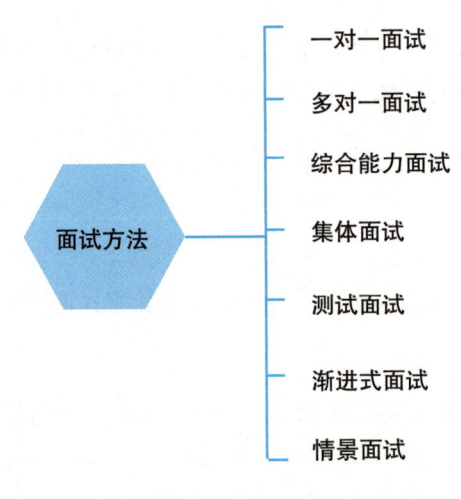

面试方法
- 一对一面试
- 多对一面试
- 综合能力面试
- 集体面试
- 测试面试
- 渐进式面试
- 情景面试

图5-3 面试方法

一、一对一面试

许多中小型企业在小规模招聘人的情况下，可以选择这样的面试方法。一对一是非常灵活的，有助于HR和企业负责人直接与应聘者进行沟通，相互了解，一次实现双向选择的目标。一对一是适合重要岗位的核心人才的面试，这种面试就像前面我们所说的那个故事一样，老板亲自面试人才。一对一面试也是一种尊重人才的体现，给参加面试的人才以足够重视和尊重，也能引起人才对这家公司的兴趣。

二、多对一面试

还有一些企业、机构会选择这种多对一面试，如企事业单位、行政单位等，这些机构会组织考核组对参加面试的人进行现场打分、考核。当然，也有一些企业会在重要岗位或者内部管理人员选拔考核时，采取这样多对一的方法。

三、综合能力面试

也有一些企业、公司会选择综合能力面试的方式。什么是综合能力面试呢？有一家企业公司招聘办公室主任，并且对办公室主任的综合能力要求较高，因此会组织面试团，分别对参加面试的应聘者进行多方面考核与多轮面试。比如分别进行沟通方面的面试、执行力方面的面试、现场管理方面的面试、性格方面的面试等，综合能力面试包含几项甚至十几项能力，只有顺利通过这些能力面试的应聘者，才符合这家企业的招聘需求。综合能力面试，也是由多个一对一面试构成的面试方法。

四、集体面试

有一些企业需要招聘许多人，所以参加面试的人自然也多，这该怎么办呢？为了组织这种大规模的面试，就要采取集体面试的方式。通常来讲，公司需要组织面试团队，让他们来负责与应聘人员集体见面。这种方式虽然显得十分粗放，但是对那些劳动密集型企业而言，却是非常有意义的。还有一些企业组织的集体面试也会给参加面试的应聘者进行分组，每一组由不同的人进行面试，然后各个项目穿插进行，有点类似医院的集体体检。

五、测试面试

还有一些企业会选择测试面试的方式来单独测试某个面试者的某项技能。有一家科技企业就是采取这种面试方式的，这家公司招聘一位JAVA工程师，参加面试的应聘者需要在面试的过程中完成与JAVA程序相关的测试。这种面试方式是对应聘者的单一技能进行测试的面试，许多企业技术岗需要准备这样的面试形式。

六、渐进式面试

有一些企业招聘高管，会选择渐进式面试的方法。什么是渐进式面试呢？简单说，渐进式也是一种车轮晋级式面试，面试者需要闯关，每一轮面试负责的级别是不同的，或者说是逐步升级的。第一轮是普通面试官，第二轮是人力资源主管，第三轮是企业岗位（应聘岗位）主管，第四轮是企业总经理，第五轮是企业董事长等，这种渐进式面试通常是根据职位高低设置的，有的两轮，有的三轮，甚至四轮、五轮。

七、情景面试

这是当前比较流行的一种面试形式，某些电视台的求职类节目，就采用了这种情景面试的方法。在面试中，企业高管直接参与，并向参与面试的应聘者进行现场提问，由参加面试的应聘者现场回答。整个面试分为几个环节。（如图5-4所示）

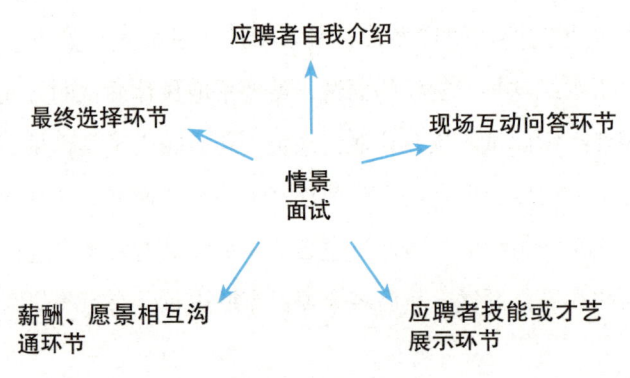

图5-4 情景面试环节

1.应聘者现场自我介绍；

2.现场互动问答环节；

3.应聘者技能或者才艺展示环节；

4.薪酬、愿景相互沟通环节；

5.最终选择环节。

无论企业最终选择怎么样的面试方法，都要根据面试的规模、规格而定。有句话是这样说的："没有最好的面试方法，只有最合适的面试方法。"

面试的交流与记录

一个会说话的HR能在面试过程中解决许多问题，交流的关键就是会说话、说话得体，这能够给参加面试者留下良好的印象。现实中，也有一些面试官给前来面试的应聘者一种高高在上的感觉，说话交流不得体，让许多应聘者心里不舒服，继而错过真正的优秀人才。这是谁之过？难道不是面试官的错误吗？因此，面试官一定要态度谦和，尽量给面试者留下良好的印象，通过一些关键话术从面试者的身上获取重要信息，这些信息决定了企业能否招聘成功，能否从前来面试的应聘者里找到真正需要的人才。（如图5-5所示）

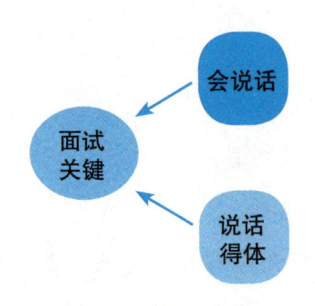

图 5-5 面试关键

有一家企业的面试官叫胡志强,从事人力资源工作七年,他在面试方面非常有经验,每年都能为企业招聘到优秀员工。有一次,这家企业组织应聘者面试,面试官仍旧是胡志强,其与面试者的对话如下:

胡志强:"您好,我是公司的面试官胡志强,请问您是前来应聘技术工程师的孙晓波吗?"

面试者:"是的,我是孙晓波。"

胡志强:"很高兴在这里见到您,您辛苦了。之前看过您的简历,非常欣赏您的才华,希望您今天的面试能够成功,顺利通过我们公司的相关考核。"

面试者:"谢谢!"

胡志强:"根据您的简历,您之前有五年的从业经历,并且在某某公司任职,请问您能简单描述一下上一家公司的公司情况吗?"

面试者如实回答。

胡志强:"谢谢您的描述,可以看出,您在这家公司的从业经历是非常成功的。但是,您为什么选择离职呢?离职的原因是什么?"

面试者:"其实,我想去一个更好的平台工作,也有更好的期待和愿景。正所谓,人往高处走嘛!"

胡志强："谢谢您对我们公司的认可，我还想了解一下，上一家公司给您提供的薪资待遇、补贴福利等，以及您现在的心理预期是什么？"

面试者如实回答了所有问题，并交代："我对薪资、福利的要求并没有那么高的要求，我的总体期望值是新公司所提供的福利、待遇、薪资不低于原公司，但是更期望新公司能够提供更好的平台和更公平的职业成长竞争机制。"

胡志强："谢谢！我想，我们公司能够满足您所提出的相关条件，但是我还需要您配合我完成几个与面试相关的问题，只是占用您几分钟的时间，好吗？"

面试者欣然点头说："好的。"

胡志强："过去几年，您对自己有怎样的认识？能简单总结概括一下吗？"

面试者认真回答。

胡志强："第二个问题，在这次面试中，您会面临较大的竞争，您认为您参加应聘的最大优势是什么？有哪些经历或哪些技术方面的优势支持您来这里进行面试？"

面试者认真回答。

胡志强："谢谢您的配合，第三个问题是，您如何看待技术工程师这个岗位？对这个岗位有怎样的认识呢？或者说，这种技术性岗位在未来十年，将会有怎样的变化，您的判断是什么？"

面试者准备很充分，于是进行了详细阐述。

胡志强："您对最有价值员工，有什么样的认识呢？能否用自己的话简单描述一下？"

面试者进行了认真回答。

胡志强："很开心听到您以上这些有见解、有思想，并且真诚的回答和阐述，还有最后一个问题，如果进入我们公司，您觉得自己还需要在哪些地方进行提高和补充呢？"

面试者认真回答了胡志强的全部面试问题。

胡志强："谢谢您的配合，如果没有您的配合，我们的面试工作也就无法顺利完成，您的所有相关信息我已经全部记录在册了。如果面试通过了，我们将在三天后通知您参加笔试的具体信息，希望您能顺利通过面试以及笔试，再次真诚向您表示感谢！"

胡志强的整个面试交流过程是非常真诚且自然的，并且一直对面试者保持尊重的态度，而面试者非常感谢胡志强提供的面试机会（如图5-6所示）。这就是一次完整的面试交流过程，它可能并不复杂。同样，胡志强也完成了所有面试的记录过程，他都记录了哪些内容呢？简单总结来看，他记录了面试者在上一家公司的从业状况、离职原因、个人薪资要求等，以及需要进行科学评估分析的职业能力、职业诉求、自信心、表达能力等内容。当然，胡志强的面试交流仅仅只是一个常规模板，具体的交流还应该由HR去尝试、总结，并一点点积累经验。

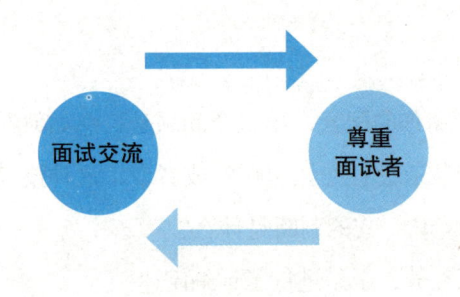

图5-6 面试交流需尊重面试者

面试结果的评估

参加面试的应聘者并不能直接进入公司,还需要对这些应聘者的面试结果进行评估。还有一些公司不仅有面试环节,还有笔试环节,只有通过面试环节的应聘者才能参加笔试。面试与笔试相结合,可更大程度地确保企业所招聘员工(人才)的质量。无论如何,面试结束之后,HR还有一项重要工作,就是对面试结果进行评估,从众多面试者中选出最值得签约的那一位。我们借助一位HR的评估结果,进行逐一拆解,面试结果的评估选项大概有以下内容。(如图5-7所示)

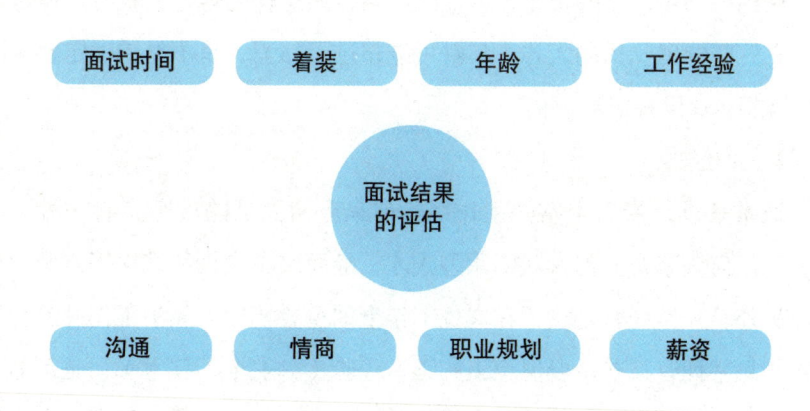

图 5-7 面试结果的评估内容

1.面试时间。

面试要检验一个人是否守时，一个人的时间观念和时间习惯是非常重要的。有些面试者是守时的，遵守时间意味着珍惜时间，意味着此人有良好的职业习惯。如果面试者没能做到守时，是否可以推算出，此人也有不守时的习惯呢？如果身在职场，不守时是相当致命的一件事。所以，守时是面试结果的一项重要评估内容。

2.着装。

人的着装是彼此见面的第一印象，也是面试者留给面试官的第一印象。以我的经验来看，一个人穿戴整齐、干净（哪怕他不懂得穿搭，也要保持衣着干净）就能给HR留下好印象，说明应聘者非常重视面试；如果一个人连穿戴都不能确保干净、整洁，又如何能说重视这场面试以及未来的工作呢？

3.年龄。

应聘者的年龄也是绕不开的一个评估项。如果企业有相关的硬性规定，只招纳35岁以下的员工，就需要严格按照这样的规定去执行。但是，如果有一些特别优秀的人才，年龄可能超过了35岁，是不是就一定要淘汰掉？我想，这同样需要评估。

4.工作经验。

通常来讲，带着丰富的工作经验前来应聘面试的应聘者有一种天然优势，任何一家企业都喜欢即用型人才，继而减少培训和试岗等方面的支出。另外，工作经验是员工在岗位工作上的重要属性，如果工作经验特别丰富，尤其拥有某些重要岗位上的工作经验（如安全、技术），是都需要进行评估吗？同样都是应聘某个岗位，有十年工作经验的应聘者与有三年工作经验的存在较大不同，拥有三年工作经验的与没有工作经验的也存在较大不同。

5.沟通。

有的企业更需要的是团队型人才。团队型人才需要相关岗位的责任人拥有一定的沟通能力。当然，这里提到的沟通能力并非特指某种特别能力，但是起码在面试过程中，应聘者与面试官的沟通应该不存在障碍。如果在面试过程中——这样短暂的面试沟通中，都存在障碍的话，就需要留意了。沟通作为一项重要的工作技能，是需要将其放进评估项里的。

6.情商。

在这个社会里，确实存在一些情商不高的天才，但是这些天才都在做什么？或许，这个问题并不需要我们去回答，但是如果你们公司招聘的员工（人才）属于团队型的，就需要这位员工能够掌控自己的情绪、脾气，决不能因自己的情绪问题而影响到整个团队的运转。因此，面试官在面试过程中，应该留意面试者的情绪、状态等，继而评估他是否可以进入第二轮的笔试环节。

7.职业规划。

职业规划是什么？就是一个人对自己未来职业路途的描述。一个有志向的应聘者，会展示出自己的梦想和事业企图，对于一个正在发展的企业而言，这种属性是一种积极属性，大多数企业是喜欢的。如果一名应聘者只是为了一份工作，而工作的目的只是为了解决衣食住行等问题，那这种没有上进心的面试者怎么会比有上进心的面试者更值得期待呢？

8.薪资。

当然，许多人面试新公司（新职业）的目的是很明显的，获取一个更好的薪资，实现人生跳槽的梦想。但是，薪资也是一个重要评估项，如果一个人的薪资要求严重击穿了公司的薪资上限，是不是就意味着这位面试者不符合企业的用人条件呢？

当然，上述八项只是基础项目，还有许多其他面试评估项。也有一些企业制订了面试评估表，我们的HR也可以进行参考。

制订录用方案

上面我们讲述了关于面试的过程，面试结束之后，就是面试评估环节，也许还有笔试环节。当所有的流程都完成之后，就到了录用阶段了。对于HR来讲，需要根据应聘者的简历、面试状况、评估结果等制订出录用方案，完成整个招聘录用工作，继而完成招聘任务。那么，如何才能制订出科学严谨的录用方案呢？我们通过一个常用版本的录用方案的内容进行详细讲解。（如图5-8所示）

制定录用方案：
- 体现用人理念
- 岗位人员增补说明
- 指定人员选聘部门
- 明确选聘委员会成员名单
- 具体评估打分细则
- 申报表
- 聘用通知
- 试用期规定
- 试用期结束后的考核
- 正式录用

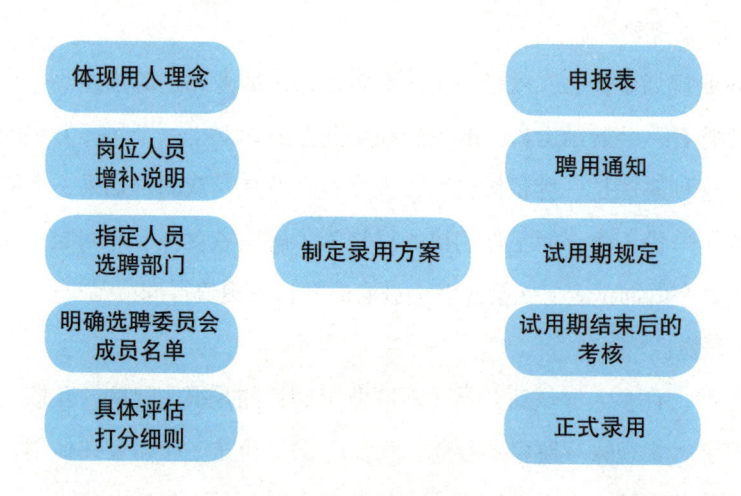

图 5-8 制订录用方案

1.体现用人理念。

任何录用方案都要体现企业的用人理念。录用方案的第一条都要鲜明体现出企业用人理念，如坚持公平、公正、公开的原则，体现企业科学用人、以人为本的精神等，用人理念就是一个企业的选人用人之灵魂。

2.岗位人员增补说明。

每个企业都需要招人、用人，岗位需要调整或者需要增补，这就需要将企业内的岗位增补计划告知招聘人员或合作平台，然后拟定具体的增补人数。人力资源部门根据岗位增补说明和拟定的增补人数进行协调安排，并以文字的形式写进录用方案里。与此同时，岗位增补计划书和说明书也应该有详细内容，并且交由增补人员的部门补充完善。

3.指定人员选聘部门。

也有一些部门需要亲自参与人员选聘，而不是全部由人力资源部门代管。许多公司的人力资源部门只负责招聘和面试，选聘工作则由公司内的各部门负责。因此，HR还要将相关选聘责任细则写进录用方案计划书里，由哪些部门负责哪些人员的选聘等，一定要详尽。每一次录用方案都是不同的，应该随时进行调整。

4.明确选聘委员会成员名单。

还有一些公司成立了选聘委员会，具体到某个责任人，由他负责人员选聘。如果我们所在的公司设有选聘委员会，就需要明确选聘委员会成员名单。如，某某负责干部选聘，某某负责主管选聘，某某负责普通员工选聘等。除此之外，HR还要把具体的选聘细节公布一下，如选聘地点、选聘时间、面试成绩打分、确定的人员名单等。

5.具体评估打分细则。

企业评估录用人员通常分为两部分，面试和笔试。通常来讲，面试占比30%，笔试占比70%，HR要详细制订评估打分方案，然后交给相关人员

（如选聘委员会委员），再按照分数高低依次进行录用。

6.申报表。

一份具体的录用方案包含着具体的录用申报表，HR也要将申报表放进录用方案里，形成详细计划书，并单独填写申报表交由增补人员所在的部门向上级层层申报、审批。

7.聘用通知。

当申报结束之后，就到了具体的发放通知阶段了。这个时候，HR就需要再次核实录用名单，然后通知录用人员，并形成通知细则。录用通知细则或者录用通知书可以按照企业相关部门准则进行制作。通常来讲，录用通知书的有效时间最长为一个月，如一个月内未到岗，视为自动放弃入职，这时可根据需要另外进行选聘、录用。

8.试用期规定。

人员到位之后，就会进入试用期阶段。每个公司规定的试用期不同，但是试用期的时间设置必须要合法合规，并将试用期的相关试岗规定详细标注，形成试用期说明书，然后将说明书发放给试用期员工。

9.试用期结束后的考核。

试用期结束之后，企业都会对试用人员的实际工作能力等进行二次评估，继而决定去留。因此，HR还要将试用期结束后的具体考核内容制订出来。需要提醒的是，上述的每一项工作都是很烦琐的，需要HR耐心、细心、用心去做。

10.正式录用。

确定最后的录用名单，并将录用名单申报进转正名单中，然后与转正人员签订正式的用工合同或者劳动合同，对用工合同和劳动合同进行备案。

上述10项几乎涵盖了所有的录用方案的全部内容，但是录用方案不是一成不变的，要根据不同时期的招聘及时进行更新、修订。只有按照方案程序进行的选聘工作，才是科学的录用选聘工作。

面试的注意事项

面试到底有哪些注意事项呢？我认为有很多，具体到哪个点，可能不胜枚举，所以我们只能针对常见的注意事项进行阐述，也包括到我们前面提到的面试官的态度。HR的面试工作压力很大，但是也要做好以下几个方面的工作。（如图5-9所示）

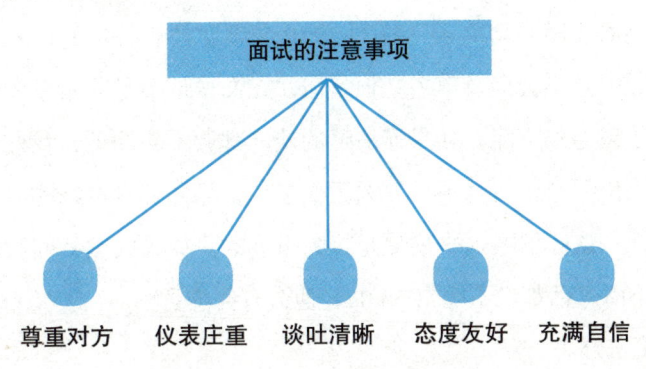

```
                    面试的注意事项
        ┌──────┬──────┼──────┬──────┐
      尊重对方 仪表庄重 谈吐清晰 态度友好 充满自信
```

图5-9 面试注意事项

1.尊重对方。

人与人之间最重要的就是尊重，尊重别人是一种美德。如果我们不尊重自己的朋友，也就无法得到朋友们的尊重。有位特别优秀的HR说："人力资源就是一份很普通的工作，它谈不上职位、地位，所以我们要认认真真、恭恭敬敬地把这份工作做好。"无论从社会地位还是工作地位，这份职业都谈不上高高在上，它更需要我们尊重前来面试的朋友，因为这些朋友未来极有可能就是我们的同事，坚守这种美德是很有意义的。

2.仪表庄重。

关于仪表，我想强调的是，之前我们在面试后的评估环节中强调，我们HR应该重视面试者的仪表，但是我们更要注重自身的仪表。得体的仪表、庄重的打扮，会给参加面试的应聘者良好的印象。说到底，良好的职业形象必须都要这样，人力资源是窗口职业，更需要庄重的仪表和仪容。从某个角度看，庄重的仪表代表着自己的职业形象和企业形象，一定要重视。如果妆容打扮邋里邋遢，实在是对不起自己的职业。

3.谈吐清晰。

个人认为，一切窗口工作都必须要有这样两项要求：谈吐清晰、表达流利。说到底，就是口头表达能力。HR必须要拥有一定的口才，可能许多专业教程中并不会提及口才，但是口才在面试环节是非常重要的。前面我们提到了沟通和交流，如果连清晰的谈吐都做不到的话，我们如何才能做好面试工作呢？作者从事该方面工作多年，深知拥有良好的口头表达能力的重要性，谈吐清晰这一项更是极为重要的。如果面试者面对的是一个表达逻辑不清、话都说不明白的HR，他会有何感受？

4.态度友好。

前面我们讲到了尊重对方，而面试中尊重对方的前提是：要有一个良好的工作态度。我记得某企业的一位HR的态度特别亲切，所以经他面试进入公司工作的员工，都对他有深刻的印象。这位HR说："我热爱自己的工作，我尊重自己的朋友，我想要把自己的这份工作做到极致，即使这份工作看上去并不是那么高大上。"其实，他想表达的一个观点就是：用友好的态度对待工作和工作中接触的人。不仅HR要有良好的工作态度，任何职场人士都要有良好的工作态度，否则，我们根本无法做好工作。

5.充满自信。

我想对一些年轻的、刚刚入职的HR讲的就是，一定要有自信心！如果在面试环节，你在面对应聘者时没有过硬的心理素质，甚至缺乏自信，是无法做好这份工作的。

在本章注意事项中，可能我们更多强调的是自信、交流、态度等，事实也确实如此。很多专业书籍，很多人讲了那么多注意事项，最后都会落实到这些不易察觉、不被重视的细节方面。就像，如果一个人没有自信，态度不端正，在简历的检查工作中，又如何才能做好呢？说到底，还是态度问题，还是自信心问题。HR的工作本来就是一份细枝末节的工作，要认认真真做，把前面讲到的所有环节都落实到位，不怕麻烦，不怕啰唆，在自己的职场和岗位上精耕细作，才能把事情做好。

面试的注意事项，我只讲这五项，是因为其他人、其他专业书籍都把那些项目讲得很透了，不需要再讲了，只需要我强调一下这几点，也就足够了。面试工作是一个简单而细致的工作，并没有太多技巧，却需要良好的态度。

PART2　入职培训与用工管理

如果说招聘是HR工作的第一步，那么第二步重要工作就是对招聘进企业的员工进行培训，让员工快速适应岗位需求，帮助员工快速成长为企业所需的骨干力量。

第六章

员工录用准备

录用前的相关测试

整个第五章，我们都在讲述面试与录用前的相关准备工作，这些工作都是为录用做准备的。在本章中，我们重点介绍员工的录用。一名新员工入职前，需要HR做一些准备工作，比如本节中所讲述的测试。录用前的测试是非常重要的环节，通过相关测试可以检验入职人员的职业素养。如果通过测试，说明该人员可以入职，并且具备了一定的工作能力和能胜任岗位的能力；如果没有通过测试，说明该人员尚不符合入职条件，也就无法入职。入职测试是比较残酷的，但也是严谨和科学的，它也是每个企业在员工入职前必须要做的一项工作，也是HR具体负责的一项任务。

通常来讲，录用测试也可以称之为笔试部分，属于面试后的第二项工作，也是正式入职前的最后一项工作。录用测试也是最后一次选拔，旨在从参加笔试的应聘者中挑选出最优秀的人才。如今，测试的方式方法比较多，传统的笔试测试仍旧是主流的测试方法，也是比较有效的测试方法。传统的测试方法主要集中在以下几个方面。（如图6-1所示）

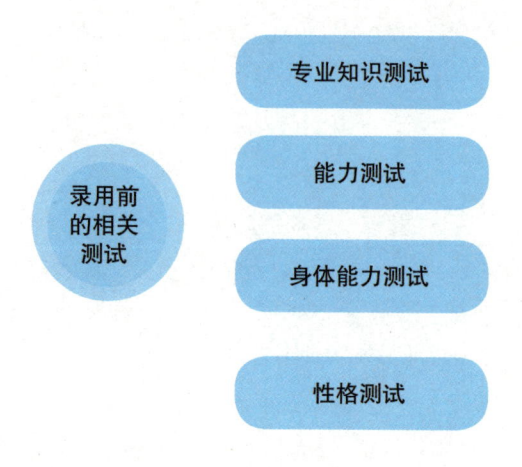

```
录用前的相关测试
├── 专业知识测试
├── 能力测试
├── 身体能力测试
└── 性格测试
```

图 6-1 录用前的相关测试

一、专业知识测试

通常来讲，企业招聘都属于对口招聘，技术部门招聘技术型人才，财务部门招聘财务金融方面的人才，管理部门招聘管理型人才，销售部门招聘销售人才。所谓对口，就是专业对口，所招聘的人才具有相关的技术能力，才能承担起相关岗位的责任和义务。因此，在录用前的相关测试中，专业知识测试是排在第一位的。试想一下，一个计算机知识不丰富的人能承担起计算机软件开发与维护工作吗？如果一个人财务知识不精通，也就无法胜任财务工作。应聘者只有通过了专业知识测试，才能被录用。

二、能力测试

如今，企业需要的更多的是复合型人才，所谓复合型人才，就是一个拥有多种能力能胜任多个角色的人才。通常来讲，一名从事管理岗位的员工（干部）还需要拥有团队能力、沟通能力、观察能力、判断能力等；一名从事营销工作的员工（干部）还需要拥有市场开拓能力、市场布局能力、强烈的竞争意识等；一名从事办公室工作的员工（干部）还需要二级核算能力、文件管理能力、文字处理能力、计算机软件操作能力等，综合能力越强者，越能在自己的工作岗位上做出成绩。有一位企业家说："我们希望我们的员工有才华，而且越有才华越好；岗位是舞台，也是他们展示自己才华的地方，为什么我们还要拒绝他们的才华呢？"

三、身体能力测试

有一些企业要求员工拥有一定的身体素质，只有良好的身体素质，才能胜任某些工作。身体能力测试是一项关键测试项，除了采取一定的"器械"测试外，大多数企业会安排通过面试者进行体检。如，食品公司不允许员工患有乙肝，高压环境操作岗位不允许员工患有心血管疾病等，只有身体满足岗位需求者，才能着手办理入职。还有一些风险岗位要求员工有较好的心理素质，如果心理模型不达标，也不符合入职、用工的条件。

四、性格测试

性格测试（个性测试）以及兴趣测试也是如今许多企业都进行的测试项。有一些设计公司偏向于让有个性的员工（人才）加盟，此时就需要他们展示出丰富的想象力和创作激情，哪怕这名员工性格有一点缺陷也能接受；还有一些企业需要踏实能干的稳定型员工，就需要从一群人中选择出性格沉稳老练、有担当、成熟型的人才；还有一些企业喜欢外向型的、善于交流的员工，尤其是从事销售工作的员工，他们需要寻找相似性格的人加盟。性格测试有许多种，企业可以根据不同岗位进行选择。

除此之外，还有许多测试项目就不一一进行列举了。许多企业的HR也在学习和使用测试软件，用测试软件对应聘者进行相关测试，也能收到不错的效果。

录用前的身份核实

在前面章节里，我们经常提到一句话，"认真核实，多检查应聘者的简历"。事实上，这是非常重要的一环。如今，极少有应聘者进行身份造假，但是仍旧有这种可能性。就个人而言，身份造假、学历造假、技能造假、从业经历造假是一种欺骗，是令人不齿的行为，甚至可以说是一种诈骗。许多企业也在这种人的身上吃过亏。

有一家南方企业，几年前招聘过一名有着非凡经历的销售总监，这位销售总监的个人简历是非常"荣耀"的，有在世界500强企业担任大区经理的工作经历，甚至拿过知名的营销大奖。总之，他在自己的包装上很下功夫，甚至连留学的学位证书都是造假的。但是凭借自己的高超骗术，他进入了这家南方企业，负责该企业的营销工作。

当然，他确实有两把刷子，不仅骗术高明，营销方面也确实有一套。有人说："既然他具备一定的营销水平，那就不要太在意他的身份了，毕竟他帮助企业赚了钱！"可事实上，这位骗术惊人，又懂得瞒天过海的营销总监，却并没有停止自己的欺骗。他进入这家公司的目的仍旧是大行骗术。担任营销总监期间，他有两本账，一本账是公司的销售账，另一本是自己的"油水账"。此人不仅在营销上造假，而且还伙同其他人参与企业上游的项目招标，并且通过关系将自己的亲属安排到公司的重要岗位上，直到一场生产事故才把此人揪出来。后来此人被捕，查账的时候才发现，他利用自己的职务便利，已为自己非法牟利几千万元。换言之，企业仅直接经济损失就有数千万元。此人被捕之后，相关部门查到：此人不仅学历造假，而且身份、工作经历均是造假的。但是这样一个人却成功骗过了企业内的所有人，也包括当年招聘他进入公司的所有人力资源部门的工作人员。因此，我们的HR一定要打起十二分精神，千万不要让这样的骗子鱼目混珠，进入自己的公司，否则可能造成不可挽回的损失。有人问："网上的各种信息很繁杂，甚至连身份证都有可能造假，别说那些学历证书了，如何才能做好身份核实工作呢？"我想，还是要从以下几个方面进行核实，这样就可以有效防止这种"李鬼冒充李逵"的现象发生。（如图6-2所示）

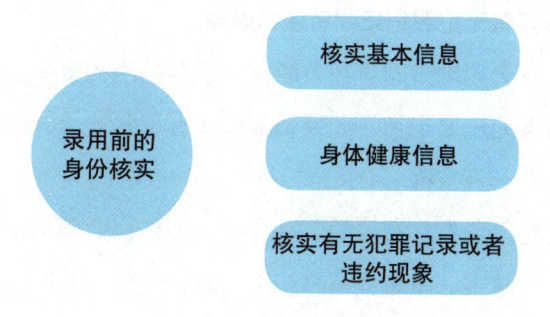

图6-2 录用前的身份核实

一、核实基本信息

基本信息就是人的身份信息、学历信息、技能信息、政治面貌、既往的工作信息等。通常来讲，招聘单位会核实应聘者（即将入职者）的身份信息（身份证）、户籍、学历证书（是否有钢印、学信网是否可查）、技能证书（是否可查、是否有钢印、是否被职称评定机构认可）。如果这些基本信息是可查的、可落实的，也就基本排除了应聘者基本信息造假的可能性。值得我们注意的是，那些有海外留学背景的人的学历信息一定要核实，海外的"野鸡大学"也是非常多的，甚至可以花钱买到毕业证，这样的学历仍旧属于假学历。

二、身体健康信息

还有一些应聘者会隐瞒自己的病情，担心病情会影响找工作，就会在身体健康状况一栏里填写"健康"。有一些企业会组织应聘者进行入职前体检，体检是一项非常重要的信息核实方法，借助体检结果核实应聘者的身体状况，然后做出判断。当然，有一些疾病并不影响日常工作，HR也要学会判断，如某些患有糖尿病、高血压的人，除了不适合从事高强度的工作外，其他常规性工作岗位还是可以胜任的，一定要辩证去看。

三、核实有无犯罪记录或者违约现象

许多企业会要求应聘者在入职前携带自己的档案来公司入档，以此核实此人以前有无犯罪记录。如果档案里没有犯罪记录，则说明此人没有违法犯罪行为。与此同时，HR还要核实参加应聘的人（入职前）是否与其他企业或机构仍旧存在有效的劳动合同。如果企业要求全职（非兼职），就要进行严格核实，将相关信息记录在册，直到对方解除之前存续的有效劳动合同后，再做入职决定。

如果我们的HR能够从上述三个方面进行严格核实，基本就能排除应聘者入职的相关隐患了。

人力资源管理
资深HR教你从入门到精通

温礼杰◎著

只有好伯乐才能发掘好员工
精准识人用人管人洞察人心

HUMAN
RESOURCE

读者服务电话：010-82372882

录用前的会面工作

录用前的会面，不同于面试，这一次会面，更多的是进一步增进相互了解和沟通，打开彼此之间的心结，让应聘者更加清晰地了解企业，也让HR更加了解新加入公司的未来战友。当然，录用前的会面不仅仅是HR与应聘者的会面，更是HR们需要组织的一项工作。

有一家生物制药公司招聘了许多工程师，几乎涉及了企业内的所有关键岗位。负责人事协调工作的是该企业人力资源部的副部长陈涛，陈涛是一个有着10年工作经验的"老人儿"，几乎每一次新人入职工作都是他来协调安排。有一次，该公司招聘了10名工程师，10名工程师分别涉及五个部门，五个部门的管理层和专家们都会例行与顺利通过面试即将入职该企业的应聘者见面、会谈。组织会谈就是陈涛的工作，他是这样做的。（如图6-3所示）

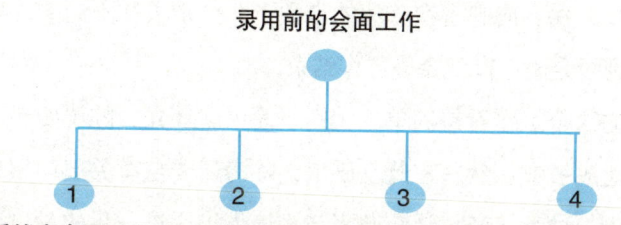

录用前的会面工作

1. 电话约定会面时间　2. 将应聘者分组　3. 约定会面时间和地点　4. 见面会谈

图6-3 录用前的会面工作

第一步，陈涛与10名应聘者提前电话联系，并约定时间进行会面。会面过程中，他对10名应聘者说："入职之前，我们还要更加深入地彼此了解。你们有什么疑惑，或者还有什么不明白的地方，可以告诉我，我可以给你们解答。"会面过程中，几乎每一名应聘者都提出了问题，陈涛均一一做出了解答。与此同时，陈涛还向10名应聘者发放了介绍企业相关信息的手册，并详细介绍了企业未来的发展蓝图和规划，给应聘者们吃下了定心丸。

第二步，陈涛将10名应聘者分组，并提前告诉他们："你们应聘的岗位和职位是不同的，你们未来所属的部门领导也希望与你们提前见面。比如小刘和小孙，你们两个人应聘的部门就去A会议室参加见面会；小李和小张，你们两个人应聘的那个部门就去B会议室参加见面会。"其实，陈涛所做的这项工作就是通知，让参加见面会的应聘者按时去自己的部门参加见面会。

第三步，约定时间。陈涛需要跟相关部门领导进行协商，协调出一个具体的时间和地点。如，陈涛与某部门领导协商决定，于某月某日下午两点在某会议室进行见面，见面会谈时间为一小时。然后，陈涛将具体的会面时间、地点告知参加会面的应聘者，并做好口头约定和再次提醒，确保见面会的顺利开展。

第四步，10名应聘者在陈涛的带领下，分别去往不同的部门参加见面会，进行见面会谈，直到会谈工作结束。

陈涛的这个工作看似简单，实则不简单。首先，陈涛要与应聘者提前沟通，并达成一致。然后在此基础上，陈涛还要与有关部门领导（或者负责会谈的人）进行协商，让应聘者与会谈人进行进一步的深度会谈，彼此了解对方。而这个过程，也给用人部门充分的时间和机会去了解应聘者的学历、性格、能力、期望值等关键指标，最后做出决策。当所有的工作都结束之后，陈涛的工作还没有结束，他还要进行汇总、总结，并生成见面会谈报告。由此可见，陈涛负责的会面工作是一个系统的、科学的、完整的程序化工作，每一个环节都是不可缺少的。

如今，许多企业都坚持以人为本的理念，走的是一条人性化的人才发展道路，许多企业也会给入职的新人举办见面会，让新人与老人见面认识，给新人提供一个展示自己的机会。事实上，当一个新人加入企业之后，未来公开展示自己的机会也就少了，入职的新人们也应该抓住这个来之不易的好机会，展示自己的能力和才华，或者展示自己的沟通力和自信心，同时向周围人传递出自己的热情和真诚。见面会，不仅是一个沟通和彼此了解的见面会，还是一个澄清模糊认识的见面会，更是一个增进感情的见面会。因此，这项工作同样是HR的一项重要工作，应当做好。

录用前的风险评估

从人类活动的角度看，任何一项人类活动都会伴随着风险，企业管理有企业管理的风险，财务有财务的风险，人力资源也有其风险。招聘录用方面的活动，自然也有其风险存在。因此，我们的HR还要在应聘者录用之前进行风险评估，继而最终决定是否录用该应聘者。有人问："难道前面的所有环节都无法排除这样的风险吗？"风险一直都是存在的，只不过有的风险大，有的风险小。比如，一家企业要求入职员工必须身体健康，不得有身体方面的疾病。但是，有时候因某些人才比较出色而放宽了在健康方面的条件，这可能也会带来潜在的风险。还有一些人曾经有过许多次

跳槽的经历，是不是这些人未来也会选择跳槽呢？这些都是潜在的风险，甚至还有一些不可抗拒的风险存在。（如图6-4所示）

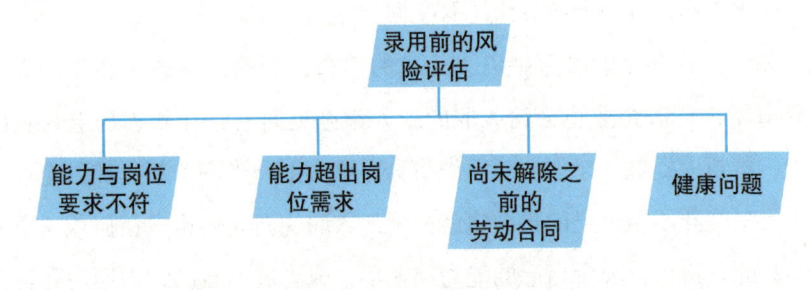

```
                    录用前的风
                      险评估
        ┌──────────┬──────────┼──────────┬──────────┐
    能力与岗位   能力超出岗    尚未解除之        健康问题
    要求不符     位需求         前的
                              劳动合同
```

图6-4 录用前的风险评估

一、能力与岗位要求不符

有一些人可能从事过相关岗位工作，但是企业与企业的要求不同，小王可能胜任A公司的岗位工作，但是来到B公司之后，其能力等各方面条件均无法达到要求。其实，这样的风险还是非常普遍的，能力是一个看不见、摸不到的东西，没有上岗之前，很难进行肉眼判断。对于那些有过工作经历的人而言，HR只能通过既往的业绩进行判断评估；对于那些没有工作经验的人而言，这样的评估又缺乏数据支撑，只能在新人入职之后的观察期进行跟踪和观察，从而判断其能力大小，是否符合岗位需求。对于不符合岗位需求的新人，需要调整岗位的就调整岗位，需要提升能力参加培训的就给予培训锻炼，需要直接调整出公司的就在试用期解除劳动合同。

二、能力超出岗位需求

现实中，确实也有一些能力非常强的人，这些人虽然不起眼，但是却能表现出足够的才华和能量。记得有一家企业老板曾向笔者讲过这样一个故事："几年前，我们公司来了一个年轻人。这个人才30岁出头，但是却拥有多项国家专利,后来进入我公司技术部门工作。他的思维方式、技术能力确实出众,甚至可以用技高一筹来形容,在部门工作中,甚至给人一种一枝独秀的感觉。后来,他向我提出要求:'老板呐,能否让我单独负责一个部门,我还需要几个助手,需要我亲自招聘。'后来,我答应了他的要求,单独为他成立了一个研发部,他亲自招聘了六名助手。没想到,他这一下子就'脱胎换骨'了,找到了属于自己的舞台,给我们公司申报成功了多项专利。我的意思是说,如果大材小用,时间久了,他自己就会跳到一个更好的平台工作了,就会造成人才流失。"人才流失就是企业的损失,如果HR无法对入职者的能力做出准确评估,这些真正有能力的人在才华遭受压制的情况下就会选择离开。

三、尚未解除之前的劳动合同

在前面,我们已经提到过这一点。之所以重复说明,是因为在此处存在较大风险。虽然有些企业有明确规定,但是有个别应聘者还会隐瞒自己此前尚未离职或者尚未解除劳动合同的事实,而是采取观望的态度进行二选一。新公司已经与其签约,但是原老公司尚未离职,这样就会触及法律底线,引发法律风险,给新公司带来不可挽回的损失。虽然新公司可以拿起法律武器进行维权,但是那些损失已经实际发生了。

四、健康问题评估

如今,无论是劳动法还是国家相关部门都规定,不得有劳动歧视的现象出现,因此在健康状况这一项,有了较大的回旋余地。企业要重视新入职员工的健康问题,建议企业与权威的医疗检测评估机构进行合作,对新入职人员的身体健康状况进行科学评估,制定科学方案,继而规避此项风险。

除了上述四项之外,用人单位和相关责任人还要多思考,形成一套评估方案和评估流程,把风险评估工作做好。

录用前的引导工作

录用引导也叫入职引导，就如同一个人准备远行而需要准备一张远行地图一样。对于新人而言，新公司完全是陌生的，想要在一个陌生的地方生活、工作，就需要有人引导。引导工作到底该由谁来完成呢？我想，引导工作由三种人来完成：人力资源管理人员、部门领导、企业领导。为什么要对新入职的员工进行引导呢？我想，这有三方面的重要作用。（如图6-5所示）

```
         让新人快速适应企业
              ●
              
              录用前的引
   让新人熟悉自己的角色    导工作    让新人认识"家庭"中的成员
              ●                ●
```

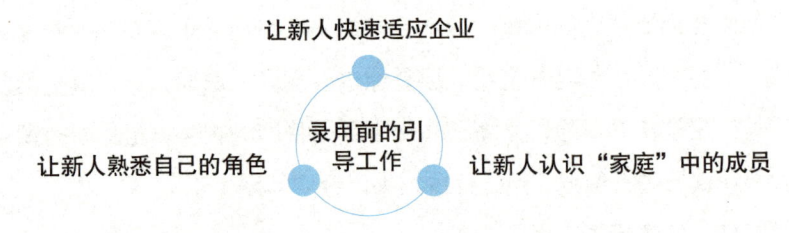

图6-5 录用前的引导工作

一、让新人快速适应企业

通常来讲，新员工来到新企业，都需要适应。对于那些适应能力较强的新人而言，可能很快就适应了，可对于那些适应能力相对较弱的新人而言，适应过程可能就需要很长时间。这该怎么办？HR日常工作职责中的一项内容就是帮助新人快速了解企业，了解企业的相关制度、流程，既避免让新人们犯错误,又能让新人们快速适应企业,并且能够安心工作、安心生活,让新人充分融入企业大家庭里,让新人获得老员工的关注和尊重,让新人能够在工作中体会到轻松、快乐,只有这样,这些新人才能在企业里做出成绩。

二、让新人熟悉自己的角色

新人来到新公司,不仅是获得了一个岗位,更是获得了一个全新的角色。不同企业内的相同角色因平台不同,工作要求和内容也会不同。如,某销售人员来到另外一家企业从事营销,虽然都是营销经理的角色,但是企业对营销经理的要求却不同。只有在正确、科学的引导之下,这名销售经理才能知道,自己的角色是怎样的,职责是怎样的,除了责任之外,还有哪些权利。新人熟悉了自己的角色,也就能快速适应自己的岗位,并且在自己的岗位工作中展现风采。

三、让新人认识"家庭"中的成员

新人来到公司,相当于来到了一个新家庭。想要快速融入这个新家庭,还需要了解新家庭中的成员。因此,HR要把家庭成员的名字、职位、性格、爱好等告知于他,让新人们了解家庭中的成员,并成功转化成这个家庭中的成员。只有新人融入企业大家庭,才能安心在企业里工作、成长,才能帮助家庭发展壮大。

录用前的引导工作是非常重要的,那么,我们的HR该如何进行入职前的引导工作呢?通常来讲,HR需要做好四个工作。(如图6-6所示)

```
                    A  让新人得到尊重

                    B  让新人了解组织
   新人入职前引导
                    C  让新人知道如何工作

                    D  把新人介绍给他的上司
```

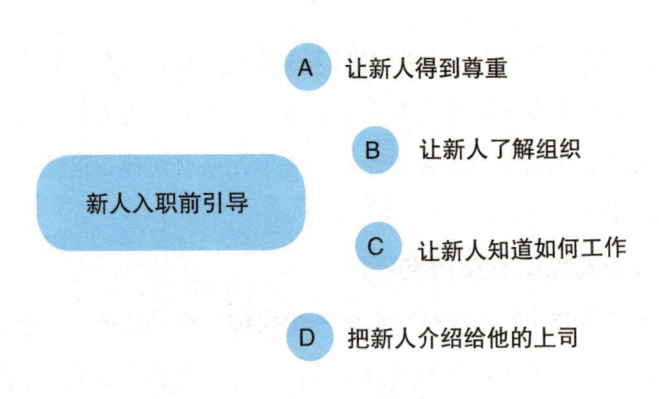

图 6-6 新人入职前引导

一、让新人得到尊重

引导工作的首要目的就是让新人得到充分的尊重，让新人感受到企业大家庭的温暖，让企业大家庭接受他，并且让他受欢迎。HR引导新人进入企业大家庭，并且向新人介绍企业大家庭中的每个成员，尤其是部门内的重要成员。还有一些企业会组织欢迎会，欢迎新人加入，让新人放下心理负担，轻装上阵。

二、让新人了解组织

不同的企业都有不同的架构、政策、蓝图、文化等，如果新人完全不懂的话，那么就会在工作过程中陷入尴尬的境地。因此，这些熟悉工作也是HR需要引导的工作，HR需要将企业的架构、政策、制度、蓝图、文化、晋升方式等全面详细地介绍给新人，让新人们充分了解组织，才能转变态度，安心在企业里工作、生活。

三、让新人知道如何工作

由于不同的企业有不同的管理方式，因而形成了不同的工作模式。新人来到新企业工作，必须接受工作模式改变的现状，否则就会遇到麻烦。HR必须要帮助新人解决这个问题，让新人知道用什么样的工作模式去工作，公司期望他们如何工作，如何付出等。只有这样，新入职的员工才能知道自己应该如何在新公司内实现自己的价值。

四、把新人介绍给他的上司

说到底,新人还是要去新岗位工作,并且与自己的新同事、新领导一起工作。HR的一项最重要的引导工作就是要把新人介绍到新部门,并且带他去见他的上司,搭建沟通桥梁,让新人与上司建立起友好的上下级关系,并让上司继续做引导方面的工作。

总之,入职引导工作是HR的一项重要工作,帮助新人入职新公司,熟悉自己的工作环境,了解新公司的企业文化和规章制度,了解家庭中的成员,帮助新人快速适应自己的岗位工作,并且在岗位工作上发挥作用。

第七章

入职培训

入职培训的目的和意义

许多企业都会把培训放在一个比较重要的位置上。培训，一方面提升入职新人的综合能力，另一方面也帮助企业打造了人才库。当然，每个企业家对培训的观点都是不同的，培训也是一种企业文化的传承方式。牛根生说过一段话："我们知道克隆，然而在今天即使它的技术比较成熟了，也只能复制肉体，却永远无法再造出一个社会意义的第二自我。但培训，却可以把自我的先进部分，有效地'移植'到一个或多个人身上，从而发扬光大。这种'移植'，也许可以称作观念的'克隆'、技能的'克隆'或者模式的'克隆'。"牛根生是一个非常看重"企业培训"的管理者，尤其是入职培训。他还讲过一个故事："日本的一些企业搞培训，它的最低要求就是辅导员制：一个新员工进来时，就给他找一个老员工作辅导员；招500个新员工，就配上500个老员工，一对一辅导。这个新员工如果有问题，辅导员要负50%的责任；这个新员工如果很出色，辅导员也有50%的功劳。这个制度不简单，老员工好几年积累起来的宝贵经验，以及花大代价才得来的失败的教训，没多久就'克隆'到新员工的行为体系中去了。"我想，牛根生对入职培训的认识是非常深刻的，他可能超过了某些培训师对企业培训或入职培训的认知程度。当然，对于企业HR来讲，对新人进行入职培训也是他们的一项重要工作，要重视这项工作，要深刻认识入职培训的目的和意义。

一、入职培训的目的

入职培训有很多目的，前面牛根生所讲述的那段话，为企业复制并传递文化基因是入职培训的其中一个目的，除此之外，我想还有以下这些目的。（如图7-1所示）

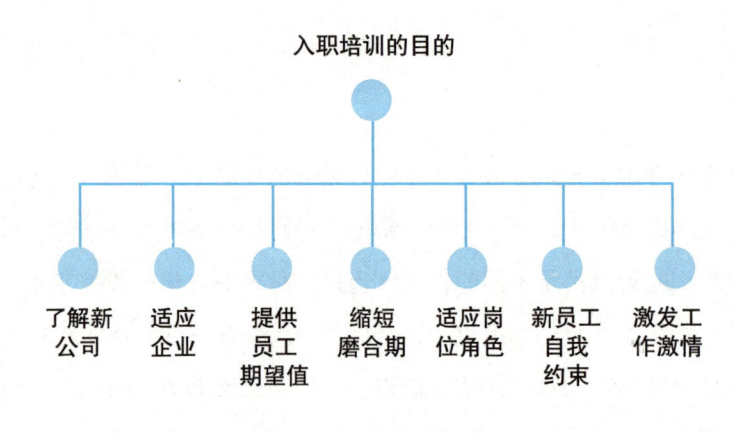

```
                       入职培训的目的
    ┌──────┬──────┬──────┬──────┬──────┬──────┬──────┐
  了解新  适应   提供   缩短   适应岗  新员工  激发工
  公司    企业   员工   磨合期 位角色  自我    作激情
                 期望值                 约束
```

图 7-1 入职培训的目的

1.新员工刚刚加入新公司，对新公司的一切都不熟悉，入职培训可以帮助新员工了解企业，减轻新员工的入职压力。

2.新员工适应时间有长有短，但总要有一个适应过程。但是时间是有成本的，入职培训可以让新员工加速适应企业，节省时间成本。

3.许多员工抱着梦想来到新企业，因此也对新企业有很高的期盼值，入职培训是一个优秀企业的标志，入职培训也能提升新员工的期待值，让新员工愿意留下，继而降低新员工的流失率。

4.并不是所有的入职员工都是专业对口的，许多专业不对口的员工就需要岗前培训、入职培训、技术培训等，通过这样的方式可以缩短入职员工的岗位磨合时间。还是那句话，时间就是金钱。

5.就像第六章最后一节中所讲述的那样,培训的效果等同于见面引导,可以让新员工更加顺利地进入工作角色,并适应这个角色。

6.许多企业的入职培训并不是技能培训和综合素质培训,而是进行企业内的制度培训、组织纪律培训等,目的在于让新入职员工了解企业制度和组织纪律,让新入职员工能够自觉约束自己的行为,与企业利益保持高度的一致。

7.入职培训还有一大功能,就是激励作用。许多企业的入职培训并不枯燥,而是将培训、沙盘演练、户外拓展结合在一起,既有培训效果,又可以激发新员工的工作积极性和奋斗激情。

二、入职培训的意义

从某个角度看,入职培训的目的和意义其实是一回事。但是,入职培训具体可以为企业带来哪些收益呢?(如图7-2所示)

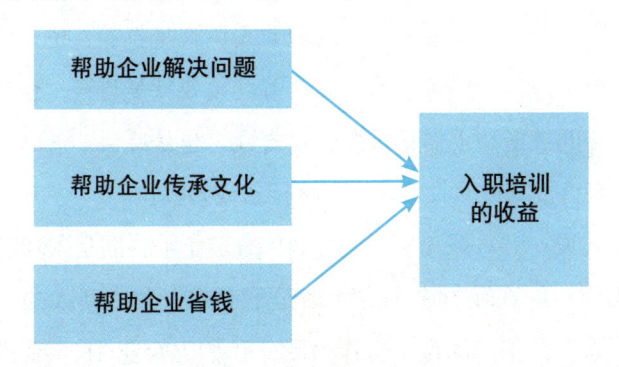

图7-2 入职培训的收益

1.帮助企业解决问题。入职培训也是培训,培训本身就是有价值、有意义的。就像牛根生所讲:"我在蒙牛工作,最重要的事就是培训,最累的事也是培训。走到哪里就培训到哪里。如果不把员工培训到你想达到的标准,你就没有达成目标。即使在创业之初,企业最困难的时候,我也每星期都组织学习会。通过这些，造就了现在蒙牛企业文化中的四个98%：资源的98%是整合，品牌的98%是文化，经营的98%是人性，矛盾的98%是误会。"由此可见，入职培训能够解决企业面临的诸多问题，就像牛根生对培训的认识一样，而解决问题就是一种收益，问题得不到解决，企业发展受到影响，员工、干部都跟着受苦。

2.帮助企业传承文化。企业文化如何进行传承？难道靠各种宣传语和海报吗？还是借助各种各样的企业文体活动？我想，企业文化传承自新员工入职那一天起，就已经开始了。帮助企业传承文化，让新人在入职那一天起就能感受并认识企业文化。文化代表着企业软实力，企业发展到最后，都是靠企业文化和品牌文化去竞争，企业文化就是一种价值。

3.帮助企业省钱。说到底，培训的价值就是赚钱，另一个角度就是省钱。时间是金钱，帮助入职新员工快速适应岗位工作就是省钱，也是赚钱；帮助入职新员工快速进入自己的职业角色就是省钱，也是赚钱；帮助入职新员工放下包袱、轻装上阵、提升劳动绩效就是省钱，也是赚钱；提升入职新员工的技能和工作积极性就是省钱，也是赚钱。总之，入职培训的收益，既有直接赚钱的收益，也有直接省钱的收益。

或许有人说："入职培训不再是HR的工作了，而是入职新人所在部门的一项工作！"在我看来，这句话是不对的，负责新人的入职培训一直是企业人力资源部门的重要工作，因此我们的企业HR不要推辞这项工作，一定要把相关工作落到实处。

入职培训的组织安排

如何才能安排好入职培训呢？换言之，HR的其中一项工作，就是组织安排新员工的入职培训。我想，我们可以借助某一家企业入职培训计划方案进行详细阐述，HR学会了制订入职培训计划方案，也就知道如何组织安排入职培训了。（如图7-3所示）

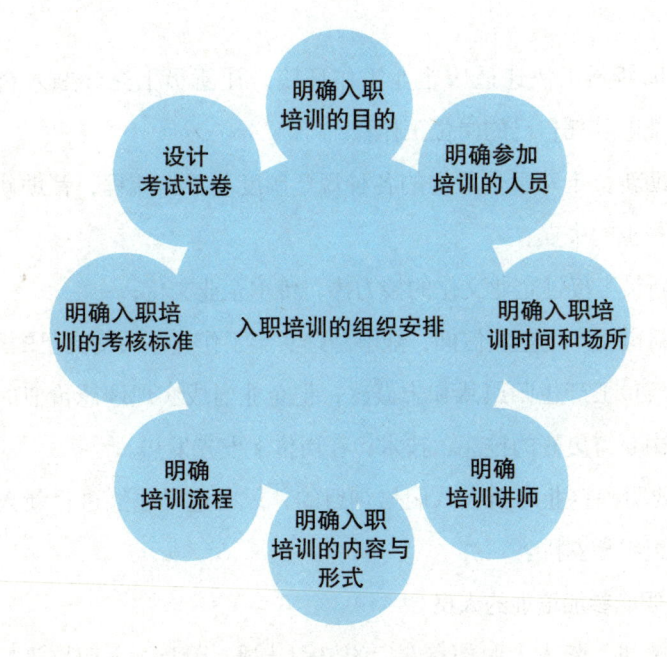

图7-3 入职培训的组织安排

一、明确入职培训的目的

任何工作计划都是有目的性的，没有目标的工作安排是无意义的安排。通常来讲，企业组织入职培训有以下几个目的。（如图7-4所示）

```
入职培训的目的 ── 帮助新员工快速适应企业工作环境
              ── 帮助新员工熟悉企业内的各种规章制度和工作流程
              ── 传承企业文化
              ── 让新员工产生企业信仰
              ── 让新员工能够产生归属感和忠诚感
```

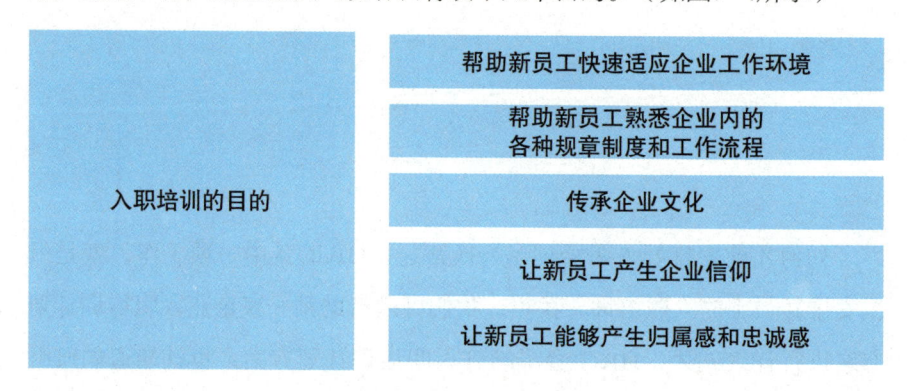

图7-4 入职培训的目的

1.帮助新员工快速适应企业工作环境，让新员工充分融入企业大家庭，让他能够胜任自己的岗位工作；

2.帮助新员工熟悉企业内的各种规章制度和工作流程，帮助新员工避免各种工作上的失误；

3.让新员工接过企业文化的接力棒，传承企业文化；

4.让新员工产生企业信仰，能够踏踏实实工作，不后悔自己的选择；

5.让新员工产生归属感和忠诚感，把企业当成实现理想价值的地方，并在培训中获得更好的技能、技术，在岗位上发光发热。

HR要明确企业的新人入职培训目的，只有这样才能进行新人入职培训工作的组织和安排。

二、明确参加培训的人员

通常来讲，新人入职都有专门的培训计划，因此，入职培训的对象以刚刚入职的新员工为主。如果入职人数较少，形不成培训计划，也可以采取"传帮带"的方式，以老带新，帮助新入职人员熟悉企业环境，实现培训目的；或者，企业单独成立培训小组，以培训小组的形式对新入职人员进行培训。不过，首要任务是明确参加培训的人员名单。

三、明确入职培训时间和场所

有一些企业会在新人入职后的第二周开始入职培训，培训时间为两周。当然，培训时间多少由企业制定，场所选择也由企业设定。总之，这项工作是一项基础性工作，并不难。首先HR要与企业各部门领导进行沟通，继而确定培训时间和培训地点，最后再将培训时间和培训地点告知参加入职培训的员工，并要求他们按时参加入职培训。在这里需要说明的是，企业针对新人的入职培训有一定的强制性，通常要求入职新人必须参加，这也是入职考核期中的一项重要内容。入职新员工是否配合入职培训工作，预示着新员工在未来的工作中能否表现出执行力。

四、明确培训讲师

对于企业而言，企业人力资源部门都会有相关人员负责入职培训，因此在新人入职后，应该明确培训讲师名单，由入职培训讲师负责新人入职培训。明确了讲师名单之后，讲师们还要对入职培训形成课程大纲，提前准备入职培训课程。如果企业有成熟的培训课程，培训讲师按照既定教材、大纲对新入职员工进行培训即可。

五、明确入职培训的内容与形式

新人入职的培训内容和形式是HR组织入职培训工作的最重要一环，因此我们将单独进行详细解读，本节不再赘述。

六、明确培训流程

入职培训与其他员工培训的要求是一样的，并且需要逻辑化、科学化、流程化，第一步需要做什么，第二步需要做什么，就像计划安排一样。通常来讲，HR要撰写入职培训流程，并形成表格报上级进行审批，通过审批之后再送报给其他部门（有些企业部门自己负责新人入职培训，如生产部门）。与此同时，HR要全程参与并监督入职培训，为培训工作提供相关服务和保障工作，协调相关事宜，推进培训工作进程，最后实现培训成果转化，向通过培训的学员发放结业证书。这一系列的过程就是入职培训的流程。有些企业还会制定培训流程进度表，每日进行进度打卡，这样做的目的是，可从视觉上直观了解培训进度。

七、明确入职培训的考核标准

就像前面我们所讲，入职培训是一项很重要的工作，可以明确参加培训的人员的相关责任与义务。入职培训是一项重要考核，它要求新人必须参加（除了不可抗拒的因素之外），并严格按照考核标准进行考核，下面我们给出某企业的参考标准。（如图7-5所示）

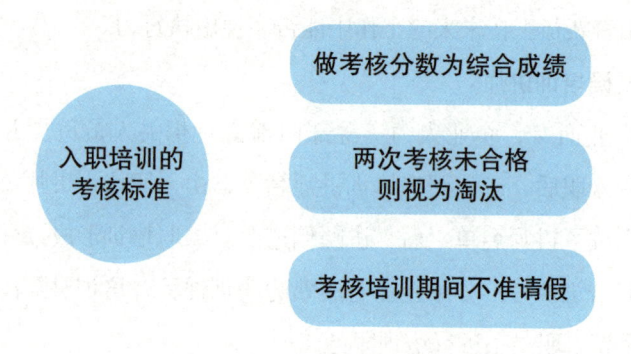

入职培训的考核标准：
- 做考核分数为综合成绩
- 两次考核未合格则视为淘汰
- 考核培训期间不准请假

图7-5 入职培训的考核标准

1.新人入职培训考核与培训考核期间的上课出勤、组织纪律、课堂表现、考试成绩挂钩，其中培训出勤10分、组织纪律10分、课堂表现10分、考试成绩70分，如综合成绩未达到70分者，于次月初进行二次培训；

2.新入职员工连续参加两次培训仍没有通过考核者，将被取消所有的考试成绩，予以除名（未通过实习期考核，不予转正）；

3.原则上，在培训期间，新员工不许请假，如果有特殊事情不得不请假（不可抗拒之因素）的，需要向培训主管（直接负责人）提前一天请假报备。入职培训期间新员工的出勤、考勤数据一律由人力资源部门进行统计负责，并进行公示。

八、设计考试试卷

新人入职并参加入职培训，培训成果需要进行检验，这就需要考试。如果考试试题并不是由HR设计的，那么HR需要沟通并推进这项工作，由相关部门、相关人员设计考试试卷，并组织新人进行考试。

以上八项工作基本就是新人入职培训的全套工作，如果我们的HR按照上述步骤去组织安排，就能完成这项重要工作，为新员工融入企业大家庭打下基础。

入职培训的形式和内容

入职培训是企业培训的重要内容，许多企业都会进行入职培训。前面我们已经讲述了入职培训的目的及其重要性，那么入职培训的形式和内容都有哪些呢？

一、入职培训的形式

入职培训是一个"宽泛"的培训，培训的形式可以很多样，也可以只针对某个方面。（如图7-6所示）

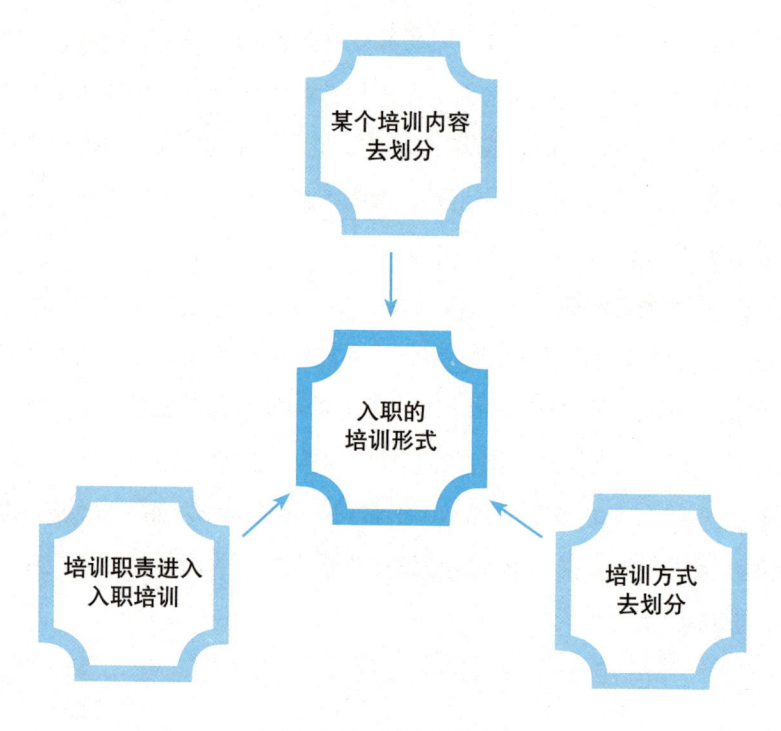

图 7-6 入职培训形式

1.按照培训内容去划分，入职培训的形式可以有生产培训、销售培训、物流培训、企业文化培训、责任培训、财务管理培训、战略培训等，这些培训内容有的是根据岗位去划分的，有的是根据入职新员工的能力去划分的。如今，企业需要复合型人才，所以也会对入职的新员工进行较为全面的入职培训。某一企业针对刚刚入职的营销部门的新员工进行了六个板块的培训。（如图7-7所示）

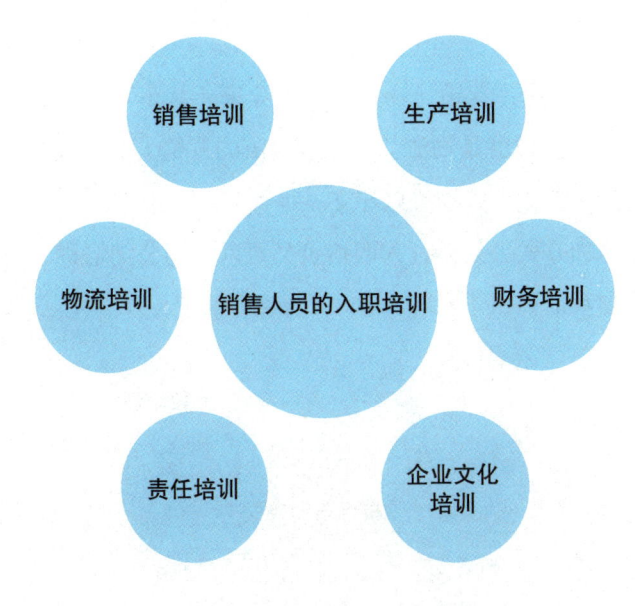

图 7-7 销售人员的入职培训

（1）销售培训：营销部门负责营销，新员工掌握最新的、符合企业发展的营销方式和营销技能，将会推动企业的发展。

（2）生产培训：企业在一定程度上是以产定销，也许某个阶段又会采取以销定产的模式，但是销售人员也要了解最基本的生产工艺和生产流程。

（3）财务培训：不得不说，现在的营销人员也要掌握一定的财务技能，营销与财务不分家。

（4）企业文化培训：新员工是企业文化的新接力者，了解企业文化，肩负起企业文化建设是他们应尽的责任，学习企业文化是一门必修课。

（5）责任培训：营销人员的责任是很重的，如果营销人员没有责任心，企业就会遭受损失，加强营销人员的责任建设和职业道德建设刻不容缓。

（6）物流培训：营销与物流同样不分家，从事营销工作，就要将商品发送给客户，发送就是物流。一个懂物流的营销人员不仅可以帮助企业去库存，还能帮企业节省物流总开支。

2.按照培训方式去划分，入职培训又可以分为公司培训、岗位培训、部门培训、自我培训和外出培训等。（如图7-8所示）

图7-8 根据培训方式划分培训

（1）公司培训：就是培训地点放在公司内部的培训方式，通常集体性的、大规模的入职培训都会选择公司培训的方式。公司培训通常直接由人力资源部门负责，主要进行管理制度、组织纪律、企业文化等方面的培训，有利于新员工快速了解企业、熟悉企业。

（2）岗位培训：新员工来到新岗位后，都会进行一轮岗位培训。岗位培训是部门培训的其中一个环节，可以进行合并培训。经过岗位培训的新员工将会获得岗位工作技能，在熟悉岗位职责的情况下，将岗位技能转化为岗位绩效。因此，岗位培训是非常重要的一个环节。

（3）自我培训：也可称之为自我学习。自我学习考验的是新员工的学习主动性和学习积极性，看新员工是否有意识地主动缩小自己与老员工之间的差距。通常来讲，入职培训都是采取公司培训和自我培训相结合的方式。自我培训没有任何约束性，而是凭借新员工的自觉性和自发性去启动自我培训工作的。

（4）外出培训：有一些企业岗位是很重要、很特殊，当企业自身没有足够强大的培训能力时，就会将新入职的员工送到外部机构进行培训，这种培训形式就是外出培训。

3.按照培训职责进行入职培训，还可以分为应岗培训、提高培训、拓展培训和人文培训。（如图7-9所示）

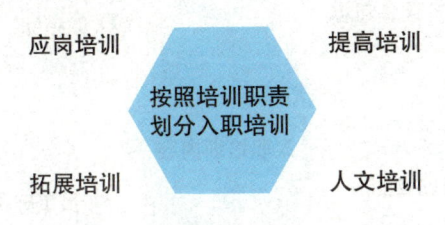

图 7-9 根据培训职责划分培训

（1）应岗培训：就是一种适应岗位工作的培训形式，这种培训通常由新员工所在的部门负责。

（2）提高培训：也有一些新员工原本就拥有一定的工作经验和工作技能，只需要在原有的基础上进行提高，这样的入职培训就是提高培训。当然，提高培训属于一种进阶培训，企业每年都会组织这样的培训，对新老员工进行综合职业能力的提升。

（3）拓展培训：新员工刚刚进入一个新的工作环境，需要进行团队协作、危机处理等方面的提升，因而入职后开展的拓展培训是非常有意义和价值的。

（4）人文培训：在我看来，人文培训与企业文化培训有一定的区别，人文培训重在新员工的体验，企业文化培训重在新员工文化传承。入职文化培训可以将人文培训和企业文化培训相结合。

二、入职培训内容

入职的培训内容既可以多，也可以少，企业可根据自身特点和资源特点，有计划地制订培训内容，通常来讲，入职培训内容有以下几个方面。（如图7-10所示）

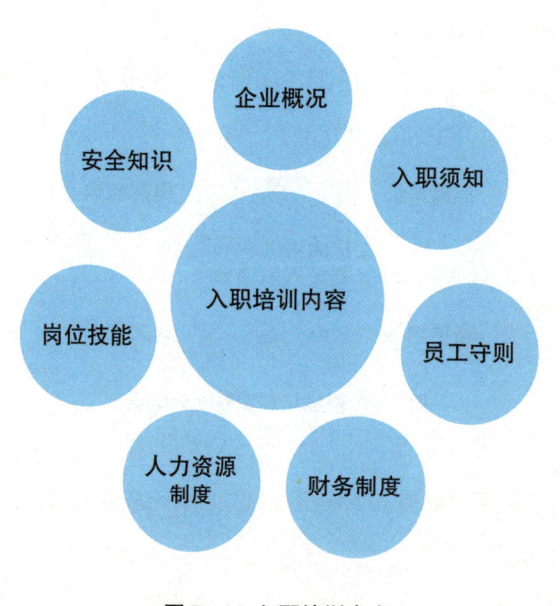

图 7-10 入职培训内容

1.企业概况：企业规模多大，占地多少亩，拥有多少部门、多少员工，年产值多少，利税多少，有哪些特色，竞争能力如何等，这些都需要新员工知道。了解了企业概况，才能让新员工找到属于自己的位置。

2.入职须知：有一些新员工尚处于试用期，如果过了试用期，就进入了转正期。因此，新员工入职之后就需要了解入职须知，知道试用期需要办理哪些手续，转正之后需要办理哪些手续等。

3.员工守则：员工守则包括企业制度、岗位制度、组织纪律细则、奖罚条例等，入职培训通常都包含员工守则项目。

4.财务制度：员工入职第一天就与财务工作息息相关，如办理银行卡、出差报销、岗位补助、申请办公费用等，所以员工需要掌握并了解企业的财务制度，继而才能将自己的工作与财务部门做好衔接。

5.人力资源制度：人力资源制度也包含许多方面，如企业的薪酬、福利、晋升制度、考核制度、绩效制度、休假制度等，这些制度与员工的切身利益息息相关，新员工更要认真学习。

6.岗位技能：许多新员工可能来自校园，因此入职前还需要进行相关技能培训。岗位技能培训是岗前培训的重要部分，但通常由新员工所在的部门进行组织安排。

7.安全知识：企业安全知识是一门重要课程，许多企业都有安全标准化的课程，并且作为一门岗前必修课让入职新人学习。保护自身安全，呵护企业安全是企业发展的必经之路。

企业入职培训的形式和培训内容远不止上述这些，还有其他更多的内容。企业人力资源部门，要根据企业自身特点和资源优势去挖掘入职培训的形式和内容，为更多新入职的员工提供服务。

入职培训之内训

通常来讲，入职培训分为两大类，即内训和外训。什么是内训呢？简单说，就是企业内部培训，许多大型企业都有自己的内训团队和企业大学。

华为公司非常重视内训，这家企业不仅给员工、干部提供了内训平台，而且还创办了企业大学。华为大学号称华为的"黄埔军校"，任正非曾经说过这样一段话："华为人普遍受过良好的高等教育，公司付薪水是购买员工胜任岗位工作的能力；如果员工不胜任岗位工作，公司可以视其潜力给予培训的机会，但培训费需要由员工自己承担。"许多人不理解这样的行为，难道企业搞内训还要让学员承担学费，这似乎有点讲不过去。其实，任正非是想告诉大家一个道理：任何有价值的东西都是需要收费的。花钱投资自己，让自己珍惜学习培训的机会，才能学到知识，提升自己。如果任何事物都是免费的，恐怕许多学员就不会珍惜这样的机会，大家都认为"这样的培训没有价值"。任正非还说过一段话："要善于用一杯咖啡吸收宇宙能量。我们经常参加各种国际会议和论坛，杯子一碰，只要五分钟，就可能会擦出火花，吸收很多能量。不改变思维习惯，就不可能接触世界，不接触世界怎么知道世界的样子？有时候一句话两句话就足以道破天机，擦出思想的火花。"如何才能吸收能量呢？我想，首先要把自己当成一个能量接收器，然后才能接受能量。如何才能让自己变成能量接收器呢？就要改变自己的思维习惯，让自己拥有更强大的思维能力，但这一切都离不开自我学习和接受培训。对于企业而言，做好内训工作是非常重要的一件事。企业HR是内训工作的主导者，想要做好内训，一定要做好九件事。（如图7-11所示）

入职培训之内训：为什么要坚持做内训 | 内训前的调查工作 | 制订内训方案 | 制订内训制度 | 内训前的准备 | 培训前的再度检查 | 具体的内训工作 | 内训满意度调查 | 总结和优化工作

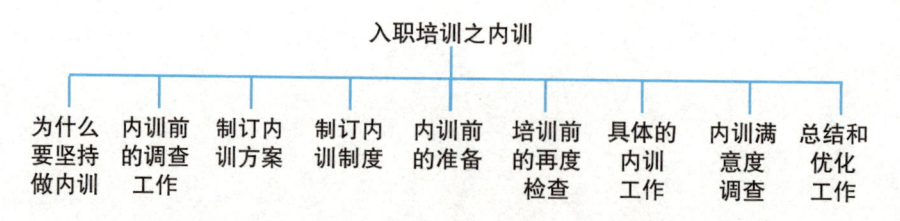

图7-11 入职培训之内训

一、为什么要坚持做内训

我们的HR要明确内训的目的，搞清楚内训是什么以及为了什么。HR的工作是烦琐而复杂的，只要与员工相关联的业务几乎都要参与。内训也是如此。内训需要HR的参与才能顺利完成，内训也有不同的课程，有明确的针对性。只要企业准备开内训课，HR都要弄清楚这堂内训课的目的是什么，有什么功用。

二、内训前的调查工作

入职内训是必修课，但是开课之前，HR也要进行前期调查。有些企业虽然有自己的入职内训课，但几乎都是走过场的，开课三天，没有明确的针对性，而学员更是如此，上课敷衍，最终什么也学不到。我想，这就是前期没有调查研究造成的结果。为什么要去调查？我们的HR要了解学员们的内心，问一问他们对哪些课更感兴趣，看一看他们有哪些技能短板，而且还要把这些重要信息反馈给内训机构。

三、制订内训方案

前面我们讲述了关于培训方案的制订，内训方案与其他培训方案的制订方法是一样的。但是需要提醒的是，企业内训一定要结合企业的实际情况，切莫选择"放之四海而皆准"的培训方案，如果照搬别人的培训方案，最后的内训效果也会大打折扣。

四、制订内训制度

内训制度是必须要有的，无论是参加内训的学员，还是负责讲课的内训师都要严格遵守内训制度。内训制度是确保内训顺利完成的最好的武器。首先，要明确内训师和学员们的职责，如编写教材、授课、听课、组织自学、考试等；其次，要对内训师和学员进行激励，激励的目的在于让学员们认真听课学习，能够实现成果转化，对内训师的激励目的在于让内训师能够在课堂上更加完美地呈现课程内容；再次，进行考核，无论对学员还是对讲师，都要进行严格的考核。以上三项内容，就是内训制度。

五、内训前的准备

前面我们多次用"工欲善其事，必先利其器"这句话来形容准备工作的必要性。对于HR来讲，即使没有直接参与内训工作，也要帮助内训师和相关部门做好准备工作，如内训课堂的确定，与内训相关的器材等都要提前准备，等所有的准备工作完成，才能进行第六项工作。

六、培训前的再度检查

检查的目的是什么？查缺补漏。内训是一项重要工作，其重要性不需要再次强调。HR一定要养成爱检查的好习惯，在内训开始之前，与内训师一起沟通并做相关检查，甚至还要再次与参加内训的新员工进行沟通，以免在内训过程中产生尴尬。

七、具体的内训工作

有人说，内训开始之后，也就没有HR什么事情了！我认为，这个观点是不对的。HR是内训课堂的"保姆"，任何工作都需要积极参与。如果内训课程出现了问题，HR就需要拿出解决方案解决这些问题。与此同时，HR还要与内训师和学员们保持沟通，让内训师积极讲课，让学员们积极参与内训。

八、内训满意度调查

内训满意度调查工作并不是在内训结束后进行的，而是在内训课程开始之后就要立即展开的一项工作。比如，某企业内训第一天，就要向学员发放内训满意度调查表，进行满意度调查，然后根据调查结果对内训课程进行调整。

九、总结和优化工作

总结和优化工作，我们也称为复盘。格诺威咨询公司有一篇名为《柳传志：八步复盘法》的文章，文章中写道："复盘是一个思维激荡、集思广益的过程，无论是对工作、项目，还是对团队的复盘，都需要大家实话实说，坦诚表达。在问题碰撞的过程中激发大家的思维，针对具体问题触发团队成员之间的思考、顿悟，通过经验交流、群策群力，真正帮助大家开阔思路。工作复盘的本质是在经验中学习。无论是对个人能力的提升，还是对团队和组织能力的提升，都具有重要的意义。复盘的次数多了，我们反思反省的次数也会增多，就不会因为一点成功而沾沾自喜，也不会因为一点失败而垂头丧气，对自我的认识会更加清晰，会变得更加的沉稳和笃定。"由此可见，内训后的复盘意义重大。

如果我们的HR和内训师能够按照以上九项工作去精心准备，那么一定能做好新员工的入职内训。

入职培训之外训

与内训相比，外训就是由企业外部团队负责的培训形式。如今，许多企业会把职业培训的具体工作交给更加专业的人或团队去做，而社会中也有非常优秀的培训机构或培训公司。一方面，企业可以节省部分人力和开支；另一方面，培训合作也是商业发展的一大趋势，外训还可以弥补内训存在的不足。当然，更多企业是内训和外训相结合的培训模式。

国内有一家保险公司非常重视新人外训，与这家保险公司合作的培训公司也是国内顶级的培训公司，并且拥有全套的外训教育方案，每次外训时间为一周。于春霞是这家保险公司的HR，负责外训事宜，她是怎么做的呢？不久前，该保险公司招聘了20多名新员工，这些新员工都是市场专员。换言之，新员工相当于保险公司销售战场上的战士，新业务开发、孤儿单的维护等工作，都要做到位才行，尤其是开拓市场方面，新员工要掌握一定的营销技巧才能拿下订单，因此需要相关培训。

与该保险公司合作的培训机构有三家，分别针对不同方面的培训。于春霞沟通的这家培训机构主要是从事市场与营销方面培训，培训机构的综合实力很强，不仅拥有强大的培训教育团队，还有产品研发团队。所谓产品研发，就是课程研发。因此，这家培训机构的课程紧跟时代潮流，符合当下市场环境，能够提供真正意义上的干货。于春霞的第一项工作就是与这家培训机构进行对接，然后签订相关合作协议。协议签订之后，于春霞的第二项工作就是协调培训地点了。

培训地点有三个选择：第一，培训地点在保险公司内部，培训机构直接上门对接业务，并派培训师上门讲课，完成新人入职培训；第二，培训地点在培训机构，保险公司或者培训机构派大巴车来回接送，完成新人入职培训；第三，选择第三场地，如酒店等，参加培训的新人们坐车到第三方场地，然后由培训机构完成培训（如图7-12所示）。这三种选择，哪一种更适合新人入职培训呢？最后，于春霞选择了第一种，即保险公司提供培训场地，培训机构直接派讲师来公司进行培训上课。为什么选择第一种呢？于春霞给出的答案是："通常来讲，新人加入保险公司，除了入职培训之外，还要适应公司的新环境、新氛围，更要适应公司打卡上下班的工作规定，养成良好的上下班习惯，这对培养新人的职业习惯很有价值。"确定好了场地，于春霞的第三个工作就是与参加培训的新人进行沟通，然后将培训时间、培训流程、培训教材等通知给每个人。

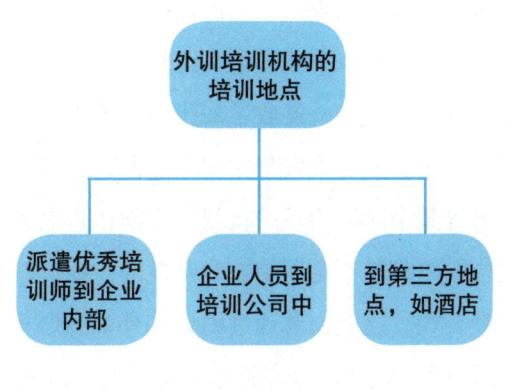

```
         ┌─────────────┐
         │ 外训培训机构的 │
         │   培训地点    │
         └──────┬──────┘
    ┌──────────┼──────────┐
┌───┴───┐  ┌───┴───┐  ┌───┴───┐
│派遣优秀培│ │企业人员到│ │到第三方地│
│训师到企业│ │培训公司中│ │点，如酒店│
│  内部  │ │        │ │        │
└───────┘  └───────┘  └───────┘
```

图 7-12 培训地点

拿到教材后，参加培训的20多名新人逐步进入了自学状态。有一些爱学习的新人开始精读教材，并且开始做笔记了。这是非常好的现象，真正有效果的培训就是"自学+培训"，老师认真授课，学生认真学习。与此同时，新人每天还要参加保险公司的内部培训，而内部培训与外部培训所用的教室是同一间，内训是早晨8点至10点，外训是下午2点至4点，每天培训四个小时，连续培训一周，培训力度非常强，但是这并不意味着会给新人带来很大的学习压力。于春霞说："通过培训的概率是非常高的，我们的考试题并不难，只要认真听讲，做好笔记，通常都会100%通过。"新学员们听到100%的通过率时，也都舒了一口气。

于春霞与外部培训团队进行沟通之后，邀请外部培训团队按时来保险公司对新员工进行培训，培训也是严格按照保险公司的培训流程进行的。有时候，于春霞也会作为"旁听生"亲自参与培训。她说："我听过数千课时的培训课了，主要为了监督整个培训过程。另外，我们的培训课是全程录像的，最后用来复盘总结。"

一周之后，培训课顺利完成，紧接着就是培训考试。于春霞提前准备了结业证书。她说："考试结束三天之内，考试成绩就会出来了。顺利通过考试的，我们就会马上发放结业证书。比如这一次新人培训，参加培训的22人全部通过了培训，我们就发放了22张结业证书。"有人问："结业证书有什么用呢？"于春霞的答案是："一方面，证明了学员们的努力没有白费，结业证书是某个阶段的总结；另一方面，也是为了鼓励学员们。在保险公司，这样的培训是不定期的、经常性的。我们的公司致力打造学习型公司和成长型公司，这就需要通过内训和外训的形式不断提升员工们的综合素养，从而为我们的保险公司打造一支强大的销售团队。"

通过上述案例，我们的HR就能像于春霞那样组织外部培训，完成公司交给的新人入职培训任务了。无论是内训还是外训，都是企业人力资源管理环节的重要工作，为企业打造人才库是HR坚定不移的工作重点。因此，HR们一定要把新人入职培训的工作做扎实，只有这样才能帮助公司培养人才。

第八章

用工管理工作

打造人岗适配系统

一个企业想要真正地留住人才，或者让人才在自己的舞台上展现自己的独特魅力，就需要让他出现在适合自己的位置上，出演最合适的角色。因此，我们就会提到人岗适配这个名词。什么是人岗适配呢？其实就是岗得其人、人适其岗、人尽其才、物尽其用。所谓岗得其人，就是因岗选人，从岗位角度出发，优中选优，找到最合适的那个人，让他担此大任。人适其岗，则是从人的角度出发，让他的能力与岗位工作相匹配。有人说："如果不匹配该怎么办？"有两种解决方法：一是提供培训，让员工获得该岗位需要的技能；二是调岗。在一个企业里，岗位调动是非常常见的，通过调岗、试岗，让最合适的人出现在岗位上。当然，这项工作也是人力资源部门的核心工作之一。对于HR来讲，帮助企业打造一套人岗适配系统是非常重要的。

有一篇名为《华为人岗等级管理：让每个人都在最佳时间、最佳角色做出最佳贡献，组织给出最合适的评定》的文章，文中介绍了华为的人岗适配体系。他们将员工分级，新员工（前两年）13、14级，这些员工不进行末位淘汰，但强调他们必须在这两年加快和公司的磨合，找到自己的着力点；15、16级人员要通过训战结合赋能，尽快提升达到17～19级；针对17～19级人员，加强他们的战略预备队的循环赋能，提升领导力。对于19级以上人员，进一步引导跨体系、跨区域的大循环，将他们培养成将来的企业管理人员。

这套人岗适配体系是华为人力资源部门亲自打造的体系，人岗适配直接与岗位级别和个人收益画等号。换言之，华为的这套人岗适配系统也是一套"技能+责任+激励"的系统，非常科学、高效，并且能够实现人岗适配的终极目标。如果我们的HR想要做好这项工作，或者打造这样一套科学的"人岗适配"系统，需要做好三件事。（如图8-1所示）

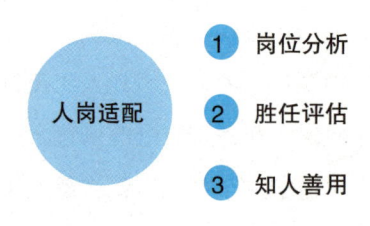

图8-1 人岗适配的三项工作

一、岗位分析

岗位分析工作本身就是HR的工作。什么是岗位分析呢？简单说，就是HR通过系统而全面的资料收集，整理与企业方位相关的全部数据，并对数据进行科学而严谨的分析，继而制订出岗位说明书、岗位制度、人力资源管理文件等。岗位分析工作需要解答六个问题。（如图8-2所示）

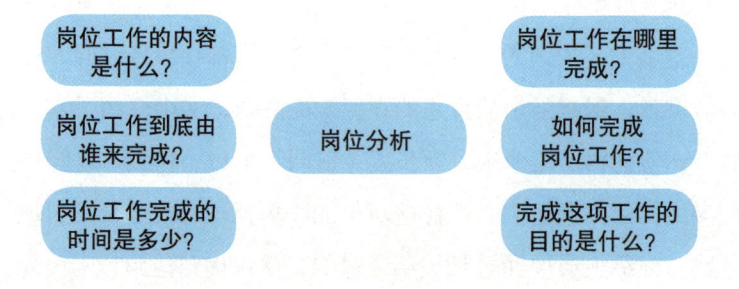

图8-2 岗位分析的内容

1.岗位工作的内容是什么？

2.岗位工作到底由谁来完成？

3.岗位工作完成的时间是多少？

4.岗位工作在哪里完成？

5.如何完成岗位工作？

6.完成这项工作的目的是什么？

我们的HR要充分解答好这些问题，从这些问题出发，做好岗位分析工作。

二、胜任评估

如今，许多企业都有胜任素质模型，通过胜任素质模型对在岗员工进行评估，再通过有针对性的培训弥补员工自身存在的能力短板，或者根据胜任素质模型评估的结果进行换岗。胜任素质模型涵盖了许多方面，如工作履历分析、职业（岗位）心理测试、技能（经验）测试、性格分析、笔迹分析、面谈交流分析、情景模拟和问题处理过程分析等，这些具体到人的分析工作都需要HR来完成。因此，HR也要掌握这些技能，才能完成这些工作。当然，许多企业也有关于胜任素质模型的培训，HR（尤其是HR新人）要抓住这样的培训机会，提升自己的专业能力。

三、知人善用

说到知人善用这个词，仿佛这件事只能由企业管理者或者部门领导来完成，与HR无关。我想说，这个想法是不对的。面对一个真正优秀的且处于试用期的人才，HR在没有任命权和使用权的情况下就要无动于衷、保持沉默吗？我想说的是，HR有推荐权。如果通过模型找到了这样一个试岗人才，完全可以向企业管理者或者部门领导进行推荐，或者与企业管理者、部门领导进行沟通，这才是负责任的做法。

如果我们的HR能够做好岗位分析、胜任评估和知人善用三项工作，就能帮助企业打造人岗适配系统了。

制订岗位用工标准和制度

不同的企业有着不同的用工标准，企业内的不同岗位也有自己的用工标准，尤其是大型企业。用工标准和岗位制度能够规范员工的工作，让企业生产、经营保持正常运转状态。因此，负责人力资源管理的HR还要做好制订岗位用工标准和岗位制度两项工作。

一、制订岗位用工标准

前面我们说到，不同的岗位有着不同的用工标准，HR想要制订岗位用工标准，就需要深入了解这些岗位，与所在部门的员工、领导进行沟通。在此我们给出某公司的岗位用工标准，供大家参考。（如图8-3所示）

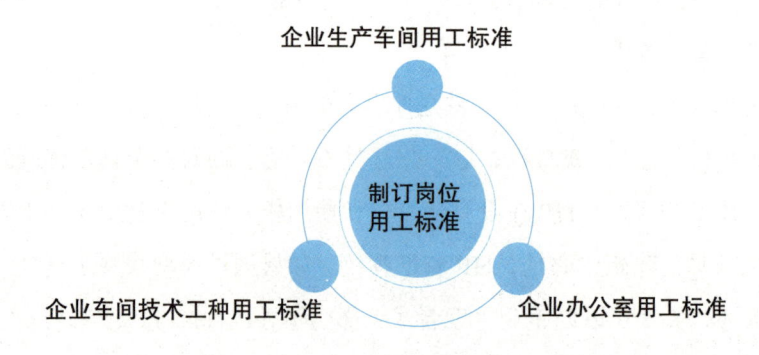

图8-3 制订岗位用工标准

某企业生产车间用工标准：

1.岗位工人至少具有高中以上学历，身体健康，有良好的工作修养；
2.年龄为20~50岁，男性；
3.有技术职称者优先。

某企业车间技术工种用工标准：

1.必须持技能证书才能上岗；
2.三年以上工作经验，无技术失误；
3.男性，年龄25~45岁。

某企业办公室用工标准：

1.新入职员工必须为本科以上学历，品行端正，有良好的职业素养；
2.年龄35岁以下，男女不限，身体健康；
3.能够熟练使用办公室软件，有基础的电脑、打印机维护与保养技能；
4.精通5S管理，尤其是办公室管理、资料整理、文件分类、合同保管等，要具备良好的工作素养；
5.两年以上办公室方面的工作经验，掌握二级核算或持有会计师证者，条件可适当放宽。

以上是某企业的岗位用工标准，HR可以进行参考。许多企业的相同岗位的用工标准可以具有相似性，甚至可以有一些通用标准，但是，HR

在制订用工标准的时候，还是要根据岗位的特殊性进行量身打造。尤其是一些特殊岗位的用工标准是较难制订的，还有一些危险岗位的用工标准要注意，一定要把岗位的危险因素写进里面，尤其强调安全的重要性。持有安全操作等级证书或者经过严格安全管理培训的员工才能在这样的岗位上工作，否则可能发生危险事故。

二、岗位制度

岗位制度与岗位用工标准必须是相互匹配的，岗位制度到底有哪些用处呢？我想，制度大概有六大作用。（如图8-4所示）

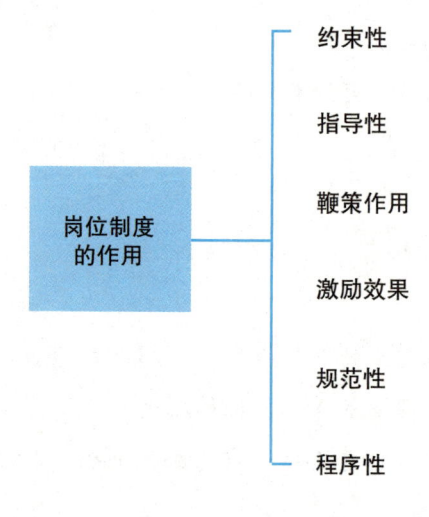

```
                    ┌── 约束性
                    │
                    ├── 指导性
                    │
        岗位制度 ────┼── 鞭策作用
         的作用     │
                    ├── 激励效果
                    │
                    ├── 规范性
                    │
                    └── 程序性
```

图 8-4 岗位制度的作用

1.岗位制度具有约束性作用，能够约束员工的工作行为，如果员工违反了岗位制度，依照相关条例规定他们就会遭受相应的处罚。

2.岗位制度具有指导作用，可以让员工依照相关标准进行工作，同时岗位制度也明确了一些具体做法，这些做法都具有指导性。

3.岗位制度具有一定的鞭策效果，并不仅仅只有约束力。遵守岗位制度，本身就是一种自我鞭策。

4.岗位制度具有一定的激励作用，许多岗位制度与绩效是挂钩的，认真工作，积极做事，提高绩效，都是在岗位制度的框架之下完成的。

5.岗位制度具有一定的规范性，规范员工的工作行为和工作方式，只有在这种规范与指导下，员工才能养成良好的工作习惯。

6.岗位制度具有一定的程序性，指导员工要按照相关的制度流程去做事，而不是任性而为。

由此可见，岗位制度的作用还是非常大的，岗位制度的约束性、指导性、鞭策性、激励性、规范性、程序性都对员工的岗位工作有巨大的帮助。HR如何制订岗位制度呢？我们以办公室岗位制度为例，简单概括岗位制度的基本元素。（如图8-5所示）

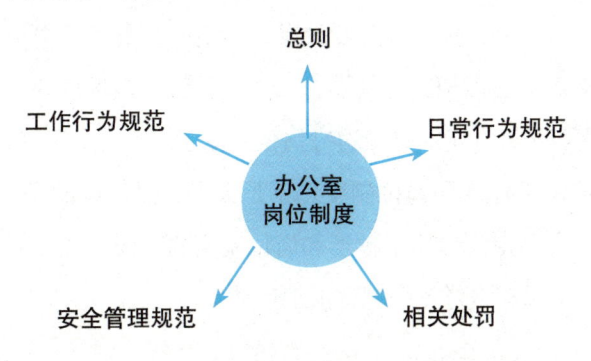

图8-5 办公室岗位制度

1.总则。总则部分要概括说明岗位制度的意义和作用，以及为何制订本岗位制度。

2.工作行为规范。规范办公室员工的具体行为、穿戴等，要求办公室员工一定要尊重他人，有礼貌，讲文明，团结同事，对待同事、对待本职工作的态度要诚恳。

3.日常行为规范。日常行为规范不同于工作行为规范，主要是针对这几点：工作时间不能从事与工作无关的事情，工作场合禁止嬉戏、打闹，公司办公室用品禁止私人使用，禁止工作时间打私人电话，禁止在办公室区域吃零食，不得随意翻阅其他人的文件等。

4.安全管理规范。如今，许多企业都在做安全管理认证，也有相关的安全管理制度，这些安全管理制度在某些地方是相通的，办公室的安全管理规范主要体现在两个方面：卫生管理和安全管理。卫生管理也涉及两个方面，即公共卫生和个人卫生。安全管理主要强调三种意识，以办公室为例，强调防盗意识、安全意识（如湿手拔电源等危险项）、节俭意识。如今，许多通过安全管理认证的企业都有危险源辨识工作，安全管理规范可以与危险源辨识结合在一起，以规范员工的安全工作行为。

5.相关处罚。岗位制度一定要设有处罚条款，员工在岗位工作中触犯了岗位制度就需要承担相应的处罚，如口头警告、通报批评、降职降薪、辞退等，员工牢记处罚项，就会遵守岗位制度了。

制订岗位用工标准和岗位制度都不是太难，最重要的是，HR们要充分了解岗位，在制定岗位用工标准和岗位制度的时候，还要从实际出发，坚持以人为本，只有这样才能把这项工作做好。

设计员工晋升体系

一个优秀企业，一定会给员工提供良好的、公开的、公平的晋升平台和晋升机会，提供更好的薪水待遇，给予更好的工作岗位。当然，不同的企业其晋升体系也是不同的，作者"100offer"在一篇名为《九年时间如何成为阿里AI领域最年轻的P9级员工》的文章里写道："机会对每个人是均等的。聊起自己在阿里这些年取得的成就，海青觉得技术专家的光环最终还是要落实到带领团队、寻找方向、解决问题上去。海青说，这恰好是他的强项。2017年6月，海青受到提名作为P9级员工的候选人接受答辩。在阿里，从P8到P9的跃升被视为难度最大的晋升之一，这意味着候选人不仅在集团内部主持过重大项目，其技术经验的积累非常丰富，在行业内也需要拥有相当的影响力。员工在接受P9提名后必须通过相关答辩，晋升才会被通过。"从这段文字中不难看出，海青在阿里之所以被重用，是因为其拥有过硬的技术本领以及独立主持过重大项目。换言之，只要你为企业创造了价值，企业就会为你开启晋升通道。更多企业也会将晋升与KPI进行挂钩，KPI完成得好，晋升机会也就更大了。在这样一个竞争的社会里，新人们都处于同一起跑线上，KPI就是终点线，谁跑在前头，谁提前撞线，谁的晋升机会就大。也有一些人质疑："为什么有些人业绩不突出，也可以晋升？"我想，晋升也有人性的东西存在，比如一位企业领导欣赏一位年轻人，这位年轻人可能业绩并不突出，但是却被重用了。这种可能性是存在的。我曾经采访过一位企业家，这位企业家也曾这样提拔过干部，他说了一句话："有时候，一个人身上的闪光点并非只有业绩，还有其他方面。我曾经提拔过一个副总经理，他业绩很一般，但是这个人很诚实，而且身上带着一种天然的凝聚力，他说的很多话下属都信服。有时候，我们并不能仅仅通过KPI去考核一个人，还要看他身上那种不易察觉的优点。"我想说的是，在"海选"方面，KPI是一项重要因素，KPI结果决定了一个人的能力上线，选择一个高业绩值的人，单纯从工作能力方面去选拔是没有任何问题的，不过一个优秀的HR应该考虑更多的方面。有这样一句话："按照能力大小提拔干部是公平的。"对于HR来讲，如果一家企业尚且没有晋升体系的话，还需要他们去亲自设计一套体系，这套体系能解决绝大多数的人才晋升问题。想要搭建这样一套体系，需要做到三个方面。（如图8-6所示）

图 8-6 人才晋升体系

一、德才兼备

如果一个人只有才华和能力，道德品质却表现得很差，这样的人绝不能用。有一家企业老板坚持唯能力论，从一群人里选择了一位业务能力很强的人当副总，但是这个人实在太贪心了，上任短短半年后就开始贪污、挪用公款，直到最后被公安机关带走。什么是人才，只有德才兼备者才是人才，才值得企业重用。因此，HR设计人才晋升体系的时候，一定要兼顾业务能力和道德品质两个方面，真正的能人一定是德才兼备的。

二、机会均等

晋升的机会一定是均等的、公平的，即使学历不同，提供的晋升机会也要均等。如今，已经不是一个学历代表一切的社会了。在一个企业里，任何人都可能做出很大的贡献，要唯才是举，要把机会留给那些真正有能力、有能量、有贡献的人。谁的贡献大，谁就应该得到晋升机会。只有这样，才能激发他们的工作激情。

三、阶梯晋升与破格提拔相结合

许多企业采取的都是阶梯晋升的方式。路要一步一步走，台阶要一步一个上。这样既能避免盲目选人，而且科学有效。人有多大本事，就能走多少级台阶，这也能让员工们见证自己的奋斗史。当然，也有一些极其出色的人，这些人是不是适合阶梯晋升呢？其实，许多企业都会破格提拔人才，尤其是那些对企业有突出贡献的人，可以直接给予跨级晋升的机会。曾经有一位技术性人才给某企业改造设备工艺后，大大提升了产出比，每年给企业带来2000万元的纯利润，这位技术工人也被破格提拔为生产副厂长。晋升体系是灵活的，并不是刻板的流程，HR完全可以采取阶梯晋升与破格提拔相结合的模式，帮助企业选拔人才。

如果我们的HR在设计晋升体系的时候能够坚持德才兼备、机会均等、阶梯晋升与破格提拔相结合的三原则，就能把晋升体系设计好，就能更好地帮助企业选拔人才。

帮助员工融入"家庭"

HR还有一个非常重要的工作，就是帮助员工融入企业大家庭里。现在许多企业都在讲"归属感"三个字，如何体现归属感呢？那就是给员工一个"家"的感觉，去公司上班，等同于"回家"。当然，一个公司有许多员工，并不是所有的员工都会产生这种"回家"的感觉，尤其是新员工，他们对公司不熟悉，所以会产生陌生感。强烈的陌生感不仅无法让他们融入企业里，有时甚至还会让他们产生离开的想法。因此，HR需要帮助他们了解企业，认识企业，在企业里留下属于自己的印记。只有这样才能让他们摆脱孤独感，产生归属感。

著名评论员童其君写过一篇名为《职工"四满意"，让企业更有归属感》的文章，文章写道："吃、住、职工之间相处得是否融洽、职工的文化生活是否充实，这直接影响职工们的工作热情和心情，更是直接影响着职工们的忠诚度。而广大职工对企业的认同感和忠诚度的提升，更是直接关系着广大职工的工作效率。企业只有关心职工、服务职工，切实为职工办实事、办好事、解难事，方能保证职工队伍稳定，从而激发出他们的工作热情和创新精神，也才能推动促进企业进步，使之实现自我人生价值同时，最终推动企业和谐稳定发展。"这段话说得非常中肯，想要让员工融入"家庭"，HR们就要做好以下几件事。（如图8-7所示）

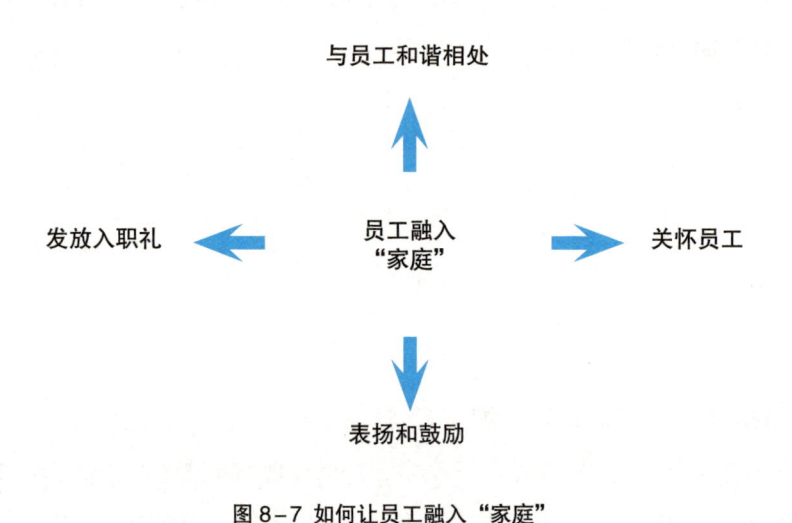

图8-7 如何让员工融入"家庭"

一、与员工和谐相处

与员工和谐相处，尊重每一名员工，同时也能获得认同感。现实中，许多HR常在办公室工作，很少去基层或者员工群体中走动，很少"体验生活"，这总会给员工一种高高在上的感觉。实际上，HR的工作就是要与各部门员工、干部打交道，要经常去这些部门走动，要与员工打成一片。有些员工确实需要帮助，HR得到这样的信息后，就需要随时提供援助。我想，尊重员工还是第一位的。当员工获得了认同感，身上存在的陌生感、孤独感也就会逐渐消失。想要让员工融入公司，首先要尊重员工。

二、关怀员工

众所周知，社会上存在一些黑心企业，这些企业不仅难以留住员工，还被冠以"血汗工厂"的名称。员工在这样的企业里上班，肯定身心俱疲。好在绝大多数的企业都是好的，都能给员工提供宽松的工作环境。对HR来讲，他们更要学会关怀员工，关心员工，主动向他们提供帮助。有一家公司，人力资源部门发明了爱心专线，有困难的员工可以打爱心专线，HR就能提供很好的服务。还有一些员工生病住院时，HR也会伸出援助之手。让员工得到关怀，感受到企业的温暖，是让员工快速融入企业的最好办法。

三、表扬和鼓励

新员工刚刚入职，不仅对企业不熟悉，还有一些员工缺乏自信，很容易产生陌生感和孤独感，这该怎么办呢？我想，适当的表扬和鼓励会让这些不自信的员工不再看轻自己。HR的其中一项工作就是制订激励政策，除了激励政策之外，还有许多表扬与激励的方式。有一家企业为了激励员工工作，会给每一名得到表彰的员工发放"太阳花"胸章。慢慢地，企业内的新员工也都佩戴上了"太阳花"胸章，佩戴上胸章的新员工脸上洋溢着自信的微笑，工作有了干劲儿，绩效也提高了。

四、发放入职礼

在企业内，新员工是一个X元素，他们可能具有不稳定的状态，甚至很快会选择离职，也有一些新员工充分熟悉了企业、认同了企业，也会留下来变成不可或缺的新生力量。有一些企业公司会给新人发放入职礼，这是一个非常好的创意。知行晓政平台上有一篇名为《如何让新员工快速融入公司？》的文章，文章写道："很多公司都会为新员工准备入职礼，一般都是新人在初期能用到的物品，如员工手册、文具、杯子等。一份兼顾创意和实用的入职礼，既能让新员工更直接地感受到公司的关爱，也能为新员工创造一种归属感。"在Kakaopay的入职礼盒中，提供了九种不同的文具，并且还在礼盒包装上花了心思。礼盒表面留有可手写新人姓名的位置，内侧盒盖和合底的两句文案，更是给足了新人开箱的仪式感。美团的新人礼盒中包含一套餐具，不仅实用，还从侧面体现了公司的业务和文化。顺丰速运则是颇具公司特色的快递袋和快递车，非常具有纪念意义。入职礼不需要很贵重的礼物，但是这种礼物可以唤醒新人的内心需求，当新人的内心得到了满足，自然就会感恩企业。

除此之外，HR还有许多方法可以帮助新员工，例如暖心提示天气，经常组织各种活动等。另外，培训也是一种方法，拓展培训可以让员工与员工之间的关系更加亲密。员工在培训学习之余，还能充分融入企业大家庭里，可谓一举两得。

为员工绘制职业蓝图

曾经有员工抱怨："我们的老板擅长画大饼，大饼只是看上去好看，却没有任何一点意义！"是啊，许多企业公司把画大饼概括为描绘企业蓝图，实际上，大饼终究是大饼，根本无法实现。但是有人问："蓝图和大饼又有怎样的区别呢？"对于新人来讲，存在这样的疑惑是很正常的一件事。蓝图是看得见、摸得着的，只要新人走到了某一步或者站到了某个台阶上，公司就会兑现承诺。HR在为员工绘制职业蓝图的时候，一定要从公司的实际情况出发，而不是为了留住员工而使用骗术伎俩。当然，在为员工绘制职业蓝图的时候，一定要提前问自己几个问题。（如图8-8所示）

为员工绘制职业蓝图需要注意的问题：
- 员工的职业蓝图能否实现？
- 职业蓝图战略是否得到了企业支持？
- 绘制的职业蓝图是否与企业发展目标一致？

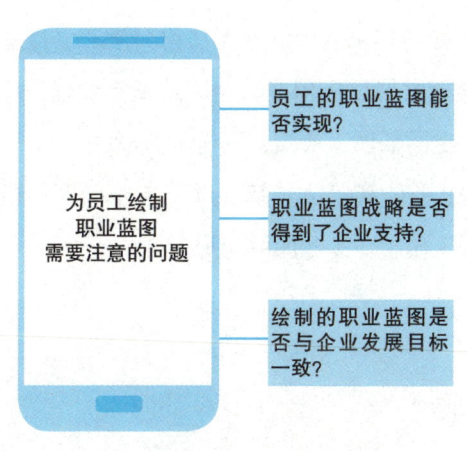

图 8-8 绘制职业蓝图需要注意的问题

问题一：员工的职业蓝图能否实现？

蓝图是一个目标，如同一个船员驾船出海，是船员能够到达的地方。如果为员工绘制的职业蓝图是无法实现的，这样的蓝图也就失去了意义，员工不再努力工作，甚至还会离开公司。因此，HR在绘制职业蓝图的时候必须要回答这个问题。为员工绘制蓝图是一项企业战略，而不仅仅只是为了激励。

问题二：职业蓝图战略是否得到了企业支持？

为员工绘制职业蓝图不仅是HR的工作，还必须是一项企业支持的战略任务。如果HR的思维与企业管理者的思维不同，那绘制企业蓝图的工作也就无法完成。因此，HR在开展这项工作的时候，一定要与企业高层管理者达成一致，职业蓝图战略在企业的授予和支持下，才能发挥作用。当然，如今许多企业甚至上市公司都在做员工职业蓝图规划，一方面是为了留住优秀员工，另一方面也是一种赋能，因为职业蓝图有赋能的作用。

问题三：绘制的职业蓝图是否与企业发展目标一致？

有一些公司的职业蓝图会激进一些，甚至会把企业"三个五年"计划等写进员工的职业蓝图里。但是，企业发展或者企业发展的终极目标可能未必像想象的那么好。如果这个问题无法得到解答，或者随着时间发展，职业蓝图目标与企业发展目标相差甚远，这就需要修正。在起草并绘制企业蓝图的时候，一定要低调、务实，不可太过激进。

如果我们的HR们能解答或者解决以上三个问题，就可以着手开展员工职业蓝图的绘制工作了。（如图8-9所示）

如果我们的HR能将上面的工作做扎实，从企业的实际发展状况出发，就能帮助员工绘制出职业蓝图了。

打造人性化薪酬体系

许多企业采取的薪酬体系就是通常我们所讲的"岗位工资+工龄工资+补贴+浮动"的薪酬体系，这种体系似乎并没有什么问题。岗位工资就是员工的岗位薪资，不同的岗位有不同的薪资。工龄工资在许多企业内也叫工龄补贴，工龄越长者，发放的工龄工资越高。如，某企业发放的基础工龄工资是300元，每增加一年，工龄工资增加50元，如工龄超过10年，每增加一年，工龄工资增加100元。补贴是比较好理解的，许多企业都有这一项，如通信补贴、出差补贴、取暖补贴、交通补贴等，补贴是最常见的福利。浮动通常指日常奖金之外的其他收入，如企业部门超产奖或者安全奖，这种奖金通常会一次性发放。所以说，这样的常见的、常规的薪酬体系并没有什么问题。但是，这样的薪酬体系是不是也会给人一种"大锅饭"的感觉呢？或者给人一种平均主义的感觉呢？难道工龄短但是贡献较大的员工，就不能在薪酬上有所增加啊？难道工龄越长就一定要拿到更高的薪水？我想，我们的企业管理者包括薪酬体系的设计者都要坚持以人为本的原则，打破传统的平均主义和"大锅饭"模式，让贡献更多的人获得更高的收入和更好的奖励。优秀的、出色的、贡献更大的员工一定要有收入上的体现。

众所周知，许多年轻人才都想加盟华为，华为的高薪令许多人羡慕。

虽然在华为的工作压力较大，竞争比较激烈，但是华为仍旧是许多年轻人的梦想之地。华为的薪酬体系在业内是非常有名的，华为创始人任正非讲过这样一段话："职位职级系统既要有整体框架的平衡稳定，又要根据业务的需要，在一些关键点上合理打破平衡，先从提高一线作战部队职级做起。结合公司战略，考虑在部分一线关键责任岗位采取弹性定级，在干部使用和人岗匹配时，根据职级区间保持一定弹性。打破平衡，大胆破格提拔业绩突出人员的级别和薪酬，从而实现达到平衡、打破平衡、再造平衡的螺旋上升。灵活调整级差，对一线管理岗位的定级级差要灵活掌握，实事求是。"任正非的这套薪酬体系的思路是极具人性化的，而且非常有弹性。就像以前许多企业家经常提到的一句话——能者多劳，多劳多得。或者说，我们的企业家或者参与设计薪酬体系的专家也可以适当参考华为的这套薪酬设计思路，这套思路。（如图8-10所示）

图 8-10 薪酬设计思路

一、人岗适配

前面我们专门讲述了人岗适配的问题，人岗适配在新职员加入公司的问题上是很重要的，而且在薪酬体系设计方面也极其重要。要让合适的人出现在合适的岗位上，然后对岗位进行划分。华为划分出职员、专家、管理三个角色，针对这三个角色，华为都有不同的定位和要求。针对职员，华为坚持走考核之路，能力强的员工在考核数据上就能体现出来，与此同时，华为还非常讲究人性，它强调员工不需要为结果负责，只需要对执行命令的符合度负责，对结果负责的应该是员工的上司。专家就是技术岗位上的人才，这类人属于知识输出型的大脑，而华为的要求是，只有保持长久输出和贡献的专家才是真专家，如果贡献达不到，就有可能被淘汰。是不是觉得有些残酷？但实际上，企业需要这样做。针对管理角色，华为就是要让管理者变成将军，因此华为在选拔将军方面做足了工作，并要求管理角色必须承担相关责任，要尽职尽责。如果无法完成工作使命，就会降级。

二、易岗易薪

怎么去理解易岗易薪这个词呢？就是随着岗位的变化，薪水也要变。如果一个人职务晋升了，薪水必然会降；如果一个人没有完成KPI或者降级，薪水必然会降。《华为基本法》里这样写道："每个员工通过努力工作，以及在工作中增长的才干，都可能获得职务或任职资格的晋升。与此相对应，保留职务上的公平竞争机制，坚决推行能上能下的干部制度。公司遵循人才成长规律，依据客观公正的考评结果，让最有责任心的明白人担负重要的责任。我们不拘泥于资历与级别，按公司组织目标与事业机会的要求，依据制度性甄别程序，对有突出才干和突出贡献者实施破格晋升。但是，我们提倡循序渐进。"其实，企业坚持易岗易薪，重在奖励，也是为了确保薪酬—晋升体系的公平、公正。"能者上，庸者下"的用人制度是永恒的，也是不变的。

除了上述两项之外，华为还采取了换岗机制，一是加强了企业内部人才的流动性，二是防止岗位疲劳。就像任正非所言："对于在同一岗位上工作超过一定年限的干部，组织上应主动关心了解，如个人有换岗需求，也要有合适的新岗位安排，在做好工作交接的前提下开展横向换岗，以避免职业疲劳。建设内部人才市场，为那些期望到更适合自己的岗位上做出更大贡献的员工，以及组织精简释放的人员等，提供内部岗位选择和变动机会，员工在符合一定条件下可以不经部门审批直接进入内部人才市场。"这种换岗机制同样是人性化的，也与人性化的薪酬体系相契合。

改善绩效管理，完善绩效流程

开篇我们需要解释一下什么是绩效管理。绩效管理是管理学名词，世界上许多企业都采取绩效管理法。绩效管理特指企业内的管理者为了实现企业发展目标而制定的绩效计划、参与的绩效沟通、进行的绩效评价和绩效目标提升的闭环过程。换句话说，绩效管理不仅是一种闭环管理方法，还是一套管理流程。在国内，阿里巴巴公司在绩效管理方面做得非常好，互次方科技平台有一篇名为《阿里巴巴绩效管理体系曝光，原来是这样做的》的文章，文章写道："阿里巴巴绩效管理讲的是——结果要好，过程也要好，为过程鼓掌，为结果付薪。阿里巴巴的绩效管理，不仅注重结果，还要注重过程。为什么？第一，为过程鼓掌，为结果付薪，结果属于奖的范围，过程属于励的范围。晋升也一样，如果结果没有达成，他就不具备晋升的条件。第二，没有过程的结果是'垃圾'，没有结果的过程是'放屁'。因为没有过程的结果是不可复制的，有过程的结果，才是可以复制的结果。"其实，阿里巴巴的这套绩效管理理念与概念中的绩效管理是相同的。一个企业想要做好绩效管理，或者优化绩效管理，我想需要做好这些事。（如图8-11所示）

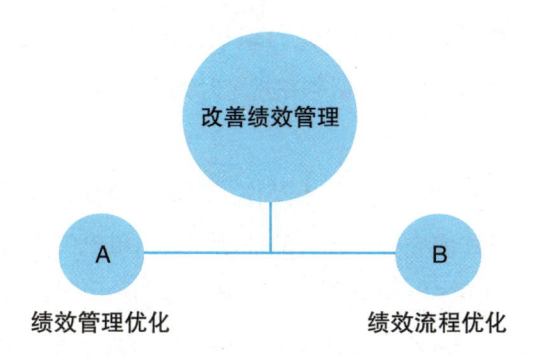

图 8-11 如何改善绩效管理

一、绩效管理优化

绩效管理可以优化，优化的目的在于提升绩效管理的管理水平，实现绩效目标，并让员工得到锻炼和成长。优化绩效管理，可以从以下几个方面出发。（如图 8-12 所示）

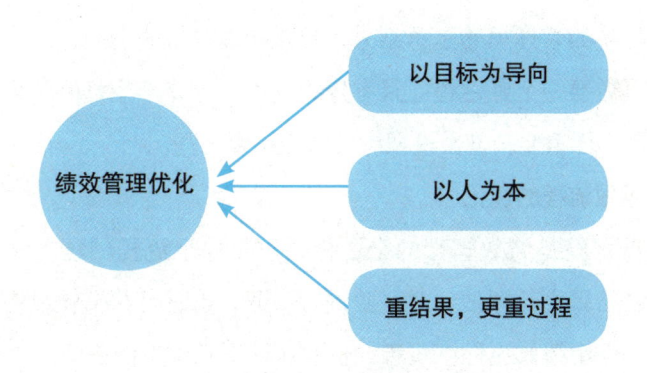

图 8-12 绩效管理优化

1.以目标为导向。

管理界有这样一句名言，"不以目标为导向的管理是无效管理"。企业中的任何管理，包括绩效管理在内，都要以目标为导向。如果没有目标，或者目标不清晰，也就无法进行绩效管理。所谓绩效，就是"业绩+时间效率"的结合，而且目标必须在规定时间内完成。

2.以人为本。

参与整个绩效管理的是人，不是物。因此，绩效管理必须以人为本，讲人性，有弹性，能够充分发挥人的能动性。阿里巴巴采取的绩效管理是271模式，就像阿里巴巴前首席人力官关明生所讲："对于中小企业来说，把明星区分出来非常重要，以绩效考核的方法把最优秀的20%的员工挑选出来，把中坚的70%员工予以保留，表现最差的10%要培训转岗，或依法解除劳动合同，这看来残酷，却可把企业资源集中地照顾精英，最后把生产力提高。虽然淘汰了在企业里表现不佳的员工，但说不定他们在其他岗位会有更好的发展。"这种看似残酷的271模式也是一种以人为本的模式，讲人性并不是搞慈善，所谓人性管理，就是激发人的主观能动性的管理。

3.重结果，更重过程。

中国传统的管理思想是重结果，但是随着时代的发展，现代企业所采取的管理更需要一个好过程。只有好的过程，才能产生好的结果。因此，过程与结果一样重要，甚至过程比结果更重要一些。

二、绩效流程的优化

绩效流程就是绩效管理的全过程，它是一个流程闭环，从开始到结果，然后对结果进行评估，对经验进行萃取，再进行第二轮或者下一轮的绩效管理。优化绩效流程，我想，也要从以下几个方面去做。（如图8-13所示）

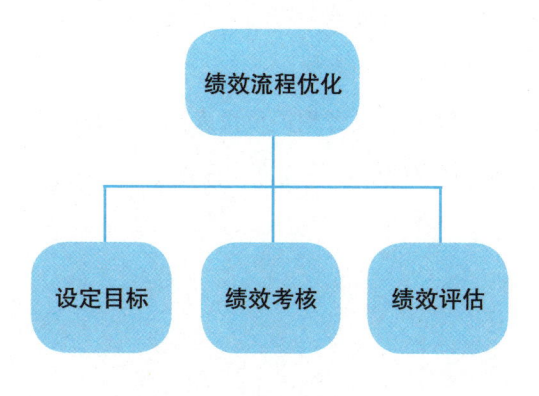

图 8-13 绩效流程优化

1.设定目标。

绩效管理是围绕着目标进行的管理，因此需要设定目标，且设定的目标应该符合SMART原则。这个目标既有绩效的总体目标，也要有形成个人绩效的个人目标。在这个过程中，HR也要参与其中，并且对参加绩效管理的人员进行鼓励和鞭策。

2.绩效考核。

绩效考核的方法有很多种，企业要选择符合自己实情的绩效考核方式。许多企业选择KPI，以KPI结果作为具体的考评依据。但是需要解释的是，绩效考核并不是一种惩罚工具，其核心目的还是激励，虽然考评结果也会对部分没有完成KPI指标的人进行相应的负面激励，但是旨在提升员工的积极性和能动性。

3.绩效评估。

KPI结果出来之后，管理者或者相关负责人要对KPI结果进行绩效评估，与此同时还要与相关责任人进行面谈，找到影响绩效管理的X因子，继而对未来的工作进行改善。如果相关责任人因个人能力等因素无法胜任相关工作，还可以由专门负责该事项的人对具体责任人进行绩效辅导，提升相关责任人的绩效管理工作能力。

如果我们的企业管理者或者相关负责人能够做好以上工作，也就能对绩效管理进行优化，对绩效管理流程进行完善。

PART3　留住人才与员工离职

在人才流失现象日益增加的大环境下，企业还要做好两项工作：留人和离职管理。留住人才才能提升企业的竞争能力，与此同时，还要把员工离职的管理工作做好，当然更不能触碰法律红线。

第九章

留住人才的方法

"薪水"留人

"文化"留人

"股权"留人

"激励"留人

"情感"留人

"福利"留人

"机制"留人

留住人才比招聘人才更重要

如今，人才才是企业最重要的财富，没有人才，企业也就没有未来（如图9-1所示）。许多企业为了留住优秀人才，都会千方百计地想办法。但现实中，总是有一些公司面临着人才流失和员工跳槽的尴尬局面。

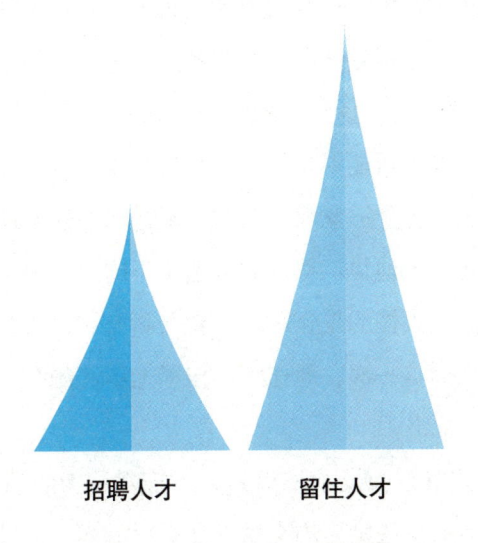

图9-1 留住人才比招聘人才更重要

国内有一家知名保险公司，这家保险公司甚至有着保险行业"黄埔军校"之称。为什么这样说呢？因为这家保险公司培养了许多高端的人才，但是，这家保险公司却总是留不住人。为了解决人员不足问题，负责人力资源的老总只能采取不断招聘新人的方式来解决。公司中甚至有人说："招聘人才与留住人才同等重要，如果留不住，那就继续招聘。"正因如此，这家企业几乎天天都在招聘，许多新员工工作不久，要么选择跳槽，要么转行离职。

该保险公司某分公司曾招聘过一名有10年工作经验的业务经理，这位业务经理有大量客户资源，换句话说，他马上就能给这家分公司带来保单业务。当然，这家分公司给出的待遇也非常诱人。按理说，这位业务经理也没有任何二次跳槽或者离职的必要，可事实并非如此。这位业务经理入职半年，就发现了问题。这家分公司中员工与员工的关系非常微妙，老板与员工的关系更加微妙，他经常找朋友诉苦："这家保险公司没有什么人情味，而且人际关系很复杂，我根本融入不进他们的圈子。即使开了大单，也不会得到额外的表扬和奖励，似乎这些业绩都是应该的。"说到底，这家分公司管理上可能很正规，但是缺点人情味。这位业务经理工作不到一年就跳槽去了另外一家保险公司。新选择的这家保险公司有很好的工作氛围，而且也能给他提供很好的待遇（不比之前那家公司差），甚至还能提供更宽松、更人性的工作环境。初入新公司，这个业务经理就找到了"家"的感觉。而这一次，他连续工作了七年，如今已经成为该保险公司地区分公司的一把手。

不久前，环球时报刊发了一篇名为《美媒：为防顶尖人才被挖或跳槽，苹果公司发放股票激励》的文章，文章写道："苹果公司为留住顶尖人才，防止其跳槽到其竞争对手的公司，向一些工程师发放了不寻常且十分可观的股票。据知情人士透露，上周，该公司向设计、硬件、部分软件和运营部门的一些工程师通知了非周期奖金的消息，这些奖金将以限制性股票的形式发放。股票的归属期超过四年，为留在苹果公司的工程师们提供了激励。这些令工程师们感到惊讶的股票,价值在大约5万美元到18万美元不等。"苹果公司是非常重视人才的公司,而且每年都会申请大量科技专利,为留住人才更是绞尽脑汁。

记得有一位企业家说过这样一段话:"你知道企业培养一个人才的成本是多少吗?如果企业用五年时间培养出一个顶尖人才,企业需要花费的人力、物力、财力相当于支付他的至少三倍以上的薪水。如果这个人走了,这样的损失是非常巨大的。"言外之意,如果留住这个人才,比从社会中招聘一位人才更有价值。需要提醒的是,刚刚招聘的新人并不见得一定是人才,也可能是庸才。许多企业家和公司管理者都意识到了这个问题,知道留住人才比招聘人才更重要。(如图9-2所示)

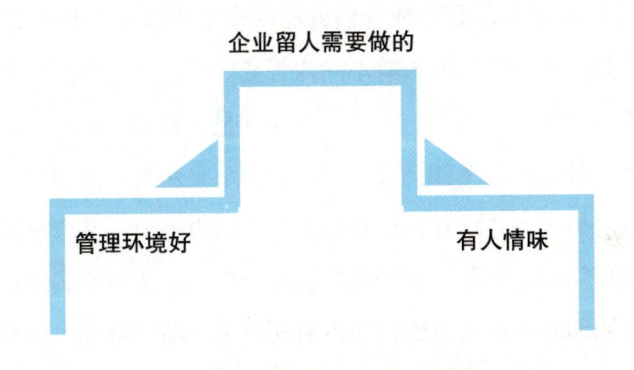

图 9-2 企业留住人才需要做的事

为什么有些企业留不住人?或许马云的一番话给出了答案,他曾说:"员工之所以离职,要么是工资不够高,要么心有委屈。"就像开篇故事中所讲的案例一样,选择离职跳槽的那位保险公司经理并不是因为待遇不够好,而是因为企业缺乏人情味,也就是内心委屈,因而选择了一家管理环境好、有人情味的保险公司。当然,也有一些企业之所以留不住人才,是因为这些人才在这些企业看不到自己的未来,与其消磨自己的宝贵年华，不如选择一份有挑战的工作。雷军也曾说过一句话："一个人可能走得快，一群人才能走得远。"由此可见，小米科技斥巨资留人是明智的，说明了这家公司非常重视人才，希望把所有的人才留住。人才是科技发展力，没有人才，企业也就失去了这种科技发展力。

薪水留人

想要留住人才，企业管理者们就需要拿出点诚意。什么是最直接的诚意呢？我想，可能不同的人有不同的答案。但是在这些答案里面，最不令人意外的可能就是薪水了。如果一名优秀员工获得的薪水与其能力不匹配，甚至相差甚远，自然就会选择离开，去一家薪水与能力成正比的企业工作。有些老板说："哎呀，现在企业经营压力很大，资金链紧张，没有办法涨薪啊！"有时候我们还要深层次地分析：企业为什么效益不好？仅仅只是市场原因吗？跟自身的管理没有任何关系吗？留不住优秀员工，优秀员工去了竞争对手的公司工作，不仅降低了自身的企业竞争力，而且还为竞争对手培养、锻炼了人才。无论如何，只要员工的确本事大、能力强，就应该给他一个令他无法拒绝的高薪。

众所周知，华为的待遇水平是令人羡慕的。也有人说："华为的薪水很高，但是离职率也不低。"在这里我们并不想急于解答这个问题，任何一个企业都会存在人才流失的现象。但是总体而言，华为能每年贡献如此之多的科技专利，其实就是人才战略的成果。有一位企业管理者说："在某个领域里，一些科技人才在几个顶级公司里流转是很常见的。今天可能在华为工作,明天可能去了阿里巴巴,今天在阿里巴巴工作,明天可能去了华为。"人才流转是一种正常现象,但是华为能够做到的是高薪留人和人才的不断产生。鲲鹏计划的作者量子位有一篇名为《华科再次拿下华为"天才少年"最高薪!201万给到通信应届博士生》的文章,文章写道:"2019年6月,任正非启动了华为'天才少年'计划。据时代周报不完全统计,截至目前,华为已招募17名天才少年,其中5名拿到最高一档年薪201万元。任正非此前就表示,这些天才少年就像泥鳅一样,钻活我们的组织,激活我们的队伍。今年2月接受记者采访时,他更是放话,华为欢迎科学家加入,养得起天才。据了解,华为天才少年计划薪资共有三档:分别为89.6万至100.8万元、140.5万至156.5万元、182万至201万元。"(如图9-3所示)看到这组数字,读者朋友们是不是觉得很震惊?给年轻天才高薪,直接用高薪从校园里挖掘超级人才一直是华为的用人战略。

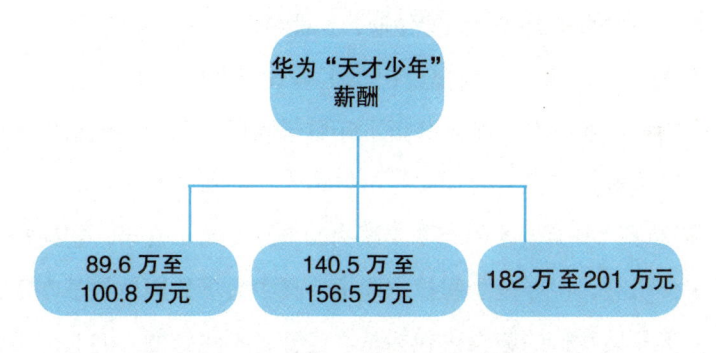

图 9-3 华为"天才少年"薪酬数

我还记得这样一个故事:有一个房地产销售公司,林水文是这家公司的销售员。林水文是穷孩子出身,非常珍惜来之不易的工作,哪怕只是一名普通的售楼员。林水文学历不高,但是非常精通销售,并且总能帮助销售公司打开销售局面。有一年,新楼盘开盘,林水文竟然凭借自己的能力拉到了一单企业团购，这一单就给公司卖掉了100套房子。林水文一下子就出了名，业界许多房企想要高薪挖走他。此时，这家房地产销售公司的老板忍不住站了出来，不仅奖励了林水文一套住房，而且破格提拔他为销售公司副总监，薪水涨了十倍。林水文心里明白，老板想要高薪挽留他，即使他去其他公司，也未必能拿到这样的高薪和职位。于是，林水文答应了老板，并且承诺继续认真工作，把售楼当成毕生的事业。有人背后说林水文的风凉话："不就是卖个房子吗？难道其他人就卖不出去？"此时，老板非常直接地说："林水文就是售楼界的冠军，这难道不是人才吗？人才配不上高薪吗？难道让我把高薪留给低能者？"为什么专门讲述这样一个故事？因为有些老板有慧眼识珠的能力，他能从众人中分辨出，哪些是人才，哪些是庸才。林水文在销售方面就是人才，甚至用天才形容他都一点不过分。当一个人才出现在企业老板面前时，企业老板怎么会不动心？我想所有遇到人才的老板都会想留住他，让他帮助企业一起前行。

云头条有一篇名为《阿里巴巴员工基本年薪曝光》的新闻，文中写道："美国《商业内幕》杂志分析了2021年阿里巴巴向签证员工提供的工作机会，以了解其美国分公司支付给技术人才的薪资有多高。37名员工获得了工作签证，顶尖人才的基本年薪为24.5万美元。去年，它向37名员工提供了工作机会，主要是工程技术职位，其中大多数职位的基本年薪都超过了10万美元。我们的数据仅包括基本工资，不包括额外的股票奖励或奖金。它们也不涵盖所有员工的工作机会，仅针对持有签证的员工。"阿里巴巴给美国公司的员工或者科技人才开出的工资也已经达到了美国科技公司的顶级水准，而美国本土科技公司如微软、苹果、甲骨文、脸书等公司也采取高薪的办法来吸引并留住优秀人才。因此，高薪是最简单、最直接、最真诚的企业留人方式，没有之一。

文化留人

也有一些企业拥有良好的企业底蕴和企业文化，这种底蕴和文化也能留住人才。众所周知，马斯洛的需求层次论已经成为许多企业的留人模型，并在此基础上打造了一整套体系。前面我们讲到，提升薪水是最直接的留人方式，大部分人工作的直接目的是什么？不就是为了多赚钱吗？当然，赚钱是本质，还有其他目的，那就是实现自己的梦想，或者在自己的工作成长中得到尊重。

有一家老字号的旅游公司，这家公司有超过20年的经营历史了。但是这两年因为各种原因，许多旅游公司、旅行社的经营都遭遇了"严冬"。但是这家公司不但挺了过来，甚至还留下了绝大多数的骨干力量。这家旅游公司的老板说："或许任何企业都会遭遇严冬，但是严冬也会过去的。与之同时，严冬也在检验我们是否具有'过冬'能力，如果我们能在这次严冬中实现转型，或者从中觅得其他商机，说不定就能翻身。"公司老板是一个非常乐观的人，20多年来，一直坚持打造阳光文化。

所谓"阳光"，就是充满了光明和温暖，不仅要让员工感受到温暖，还要让所有客户感受到温暖。他给每一名员工发放了一支向日葵花，并告诉员工："大家喜欢向日葵吗？向日葵就是那个跟着阳光的生灵，阳光走到哪儿，向日葵就会跟着到那儿。大家还记得某地区山谷有一块阳光宝地，有许多品质一流但是却卖不出去的好东西吗？我想，我们的脚步应该停留在那儿！"员工们明白老板的意思，旅游资源并不仅是旅游，还包括旅游纪念品的开发与推广。这个公司老板定期送给员工福利，而且始终加强、强调这种文化的重要性。员工在这种文化的熏陶下渐渐有了希望，许多想要跳槽、离职的员工打算与老板一起拼。于是，这家旅游公司开启了扶贫农业的推广与营销，结合景区特色，将最好的绿色食品送到消费者的餐桌上。而这家公司也推出了"阳光"新媒体平台，并且通过抖音吸粉、快手营销等方式，取得了非常好的效果。如今，这家旅游公司不仅没有垮台倒闭，反而成功转型，不仅拥有百万粉丝，而且留下来的每一名员工的收入也得到了大幅度提升。有一名员工说："其实，原本我也想要离开，但是被老板的乐观和公司打造的阳光文化所感动了。在这里工作，我能感受到一种温暖，也能激发出更多工作热情。虽然我们从事的行业不属于高技术行业，但是能够立足行业做出成绩，也会给我们带来成就感。在这样的公司工作，也是我的梦想。"

是啊，金钱可以解决很多问题，除了金钱之外，良好的企业文化也能解决留人的问题。阿里巴巴就有一套能够留人的文化，这套文化可以分为三部分。（如图9-4所示）

文化留人
1. 可信、亲切、简单
2. 群策群力、教学相长、质量、简易、激情、开放、创新、专注、服务与尊重
3. 客户第一、团队合作、拥抱变化、诚信、激情、敬业

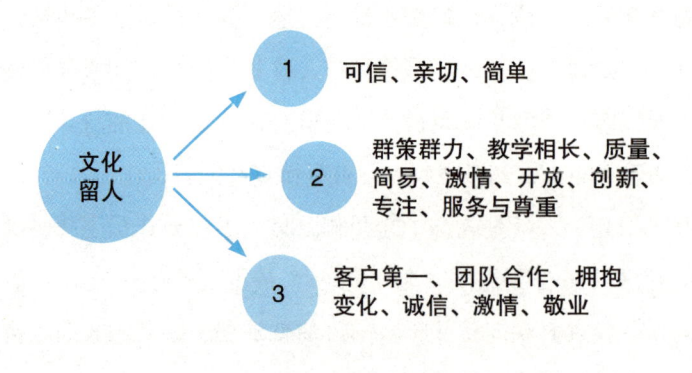

图9-4 文化留人

"可信、亲切、简单"是阿里巴巴在第一阶段提出来的口号,这个口号表达了什么意思呢?对于一个新企业而言,凝聚力是最重要的,因此,阿里巴巴创业时的文化就是一个凝聚力文化。对于一个企业而言凝聚力是最重要的一种力量。

"群策群力、教学相长、质量、简易、激情、开放、创新、专注、服务与尊重"是阿里巴巴第二个阶段提出来的口号。当企业顺利度过了初创期,就会进入发展和成长期,阿里巴巴需要的是另外一种力,群策之力,或者需要注入一种新价值观。如今,阿里巴巴的价值观也是第二个阶段建立起来的。

"客户第一、团队合作、拥抱变化、诚信、激情、敬业"是阿里巴巴第三个阶段提炼出来的企业文化口号,而这个企业文化口号一直延续至今,没有变过,这个阶段也被称为"六脉神剑"阶段。无论是客户第一还是团队合作,都体现了企业的一种发展理念和精髓,拥抱变化是一种变革精神,而"诚信、激情、敬业"同样符合时代发展潮流。因此,阿里巴巴不仅留住了人才,每年还有许多有才华的年轻人加入阿里巴巴。

HR有一项重要工作就是传播企业文化。从人力资源角度来看,打造并且传播企业文化,也是留人的好办法、好方式。

情感留人

留人的方式有很多种,还有一种不得不提及,那就是情感。人是感情动物,人生活在一个有感情的世界里,就会产生一种特别的情愫。在此之前，我们讲到过HR如何让入职新人产生归属感，而归属感就是我们想要强调的。情感留人，就是给企业人才一种归属感，让他觉得这个世界依旧是温暖的，企业像家庭一样，企业内的员工与领导，更像是他的同伴、朋友、亲人。虽然情感留人并不是一件容易的事情，却可以产生事半功倍的效果。（如图9-5所示）

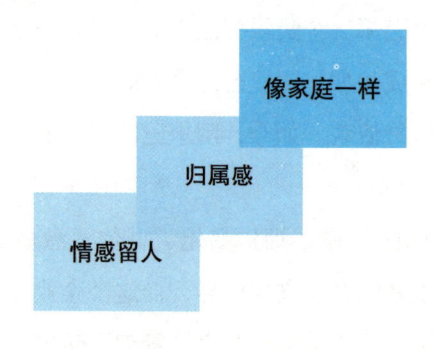

图9-5 情感留人

有一家公司，这家公司是一家新公司，公司内充满了人情味，但是这家不起眼的新公司，却拥有不少高级人才。难道这家公司仅仅凭借人情味就能留住这些人才吗？有一名博士叫莫雨，曾经在世界500强企业工作，后来离职，选择了这家年轻的新公司。起初，他想要去另一家大公司，后来在应聘的时候被这个公司的老板所感动。他说："老板这个人，并不是那种踌躇满志的创业者，但是有些细节是其他人所不及的。在我应聘过的企业里，没有一位老板肯亲自为你倒水。正因为这些细节，我觉得这位老板是个不简单的人物。"进入这家公司之后，工作环境是非常宽松的。虽然公司有自己的目标，但是目标定位非常实际，而且公司在奖励员工方面也做得非常好。有一次，由于莫雨的一个失误让公司错过了一次好机会，公司为此损失了不少。但是，这位公司老板找到莫雨："10年前，我也像你这样失误过。我相信，你也不是故意的。那时候，我的上司给了我一个机会，鼓励我继续去工作，不要害怕犯错误。我就顶着压力坚持了下来，后来我还是做好了那件事。我想告诉你，失败是成功之母，如果不容许人们失败犯错，也就不存在成功。所以，不要害怕犯错，谁没有出过错？"莫雨非常感激这次谈话。他说："这样的错误在一些公司是会被直接开除的，甚至没有机会继续从事这方面的工作。"后来，莫雨顶着压力终于解决了问题，成功完成了任务。完成任务目标之后，公司老板为莫雨组织了一场盛大的庆功宴，甚至还为莫雨献上了一首歌。莫雨非常感动，他说只要公司不倒闭，他就会为公司一直战斗。

除了莫雨，还有一位工程师叫陈建涛，他的父亲因癌症住院，需要巨额的医疗费。得知这一消息之后，公司老板第一时间去医院进行探视，并且留下了一万元慰问金。是啊，可能一万元钱并不能解决什么实质性问题，但是这份关怀却令陈建涛终身难以忘记。随后，老板在公司内发起募捐，又为陈建涛筹集了七万元钱。当然，这些钱仍旧不够医药费。在朋友的建议下，公司又通过商会和慈善基金争取社会公益捐助，解决了陈建涛父亲看病花费的问题。陈建涛说："多亏了我的老板，为我的父亲跑前跑后，筹集医疗费用。要不然，恐怕我很难渡过这个难关。"正因如此，陈建涛博士深受感动，决定将此生的拼搏努力放在这家公司，与公司一起实现梦想。

有人说，这家公司的老板很傻，难道这样做，就能留住人才吗？事实上，这家公司从创业发展到现在，只有不断加盟进来的人才，没有一位流失的人才。老板甘心为员工做保姆，为他们提供最好的、最人性化的工作环境，哪怕薪水、待遇可能比不上那些同行业内知名的大企业，但是这种人情味的吸引力是其他公司所没有的。人人都是感情动物，当他们得到尊重、表扬、宽容后，就会产生一种感激之情，就会选择留下来。莫雨还说过一句话："得了一些人的鼎力相助，我们还要选择离开，那就是我们的职业道德存在问题。"换言之，他们没有理由不留下来继续工作，因为你需要对得起自己的良心。

人民网广西频道有一篇名为《薪资留人、情感留人、平台留人》的文章报道了一个案例——"我才发现原来这里的生活也可以过得这么好，每天有自助餐，食宿全免，还有KTV、桌球、健身房。"来自湖南农业大学的田唯嘉在观看广西扬翔股份有限公司宣传视频后不禁感慨。情感留人，扬翔公司倡导'共济、奋进、分享'的文化理念，为员工提供全方位的生活保障，成立员工生活保障部，在员工的伙食改善、住宿条件改善、娱乐设施改善等方面投入了大量资金。目前，扬翔公司员工食宿免费，同时园区内部设置KTV、健身房、台球室等娱乐设施。起初，田唯嘉是被扬翔公司的生活设施所吸引的。来到扬翔之后，她发现公司的留职率很高，她认为，是因为大家对扬翔有很高的认同感。"扬翔不仅给我们良好的生活保障，还给予我们这些学生足够的重视和尊重。"这个新闻报道的真实案例是不是与前面我所讲述的案例很相似呢？

人的情感需求是一种高级需求，甚至不亚于自我价值需求，当人的情感需求得到满足后，就会产生一种归属感，自然也就会留下来。

机制留人

一些企业有良好的管理运营机制，这些企业也是真正适应时代发展的现代化企业。许多人才选择企业，并不是选择了一份薪水，而是选择这样一种运营机制。当然，高薪是一种机制，文化也是一种机制，似乎看上去，这个机制的范围有些大。其实，我更愿意把机制留人看作是事业留人。如果一个企业的管理运营机制能给员工更好的生存发展平台，那许多员工就不会选择离职。

南方有一家公司，这家公司是一家现代化的公司，公司规模很大，拥有7000多名员工，其中也有超过100名的博士级人才。为了留住这些博士人才，企业老板有一套方法。（如图9-6所示）

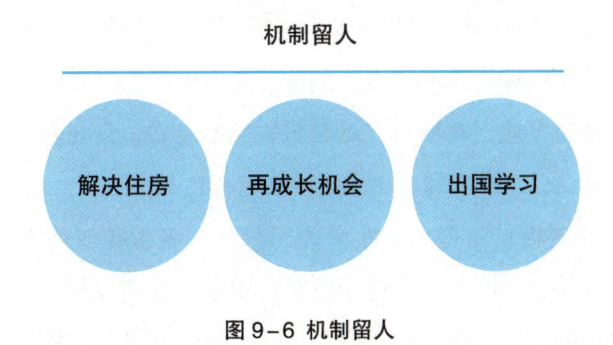

机制留人

解决住房　　再成长机会　　出国学习

图9-6 机制留人

第一，这位老板给博士们建造了博士公寓。博士公寓虽然在公司园区里，但是每套公寓足有120平方米，三室两厅，均是精装修，只需要博士们每月缴纳水电物业费即可。许多年轻博士没有结婚，几乎都居住在里面。当然，公寓并不是赠予，而是免费居住。如果博士们想要花钱购买，也只需要市场平均房价的40%，非常实惠。

第二，这位老板为了让这些博士们继续成长，与许多科研机构进行合作，尤其是与一些著名教授、学者进行联合合作，继续给博士们提供成长的机会。博士们拥有良好的成长空间，在宽松、人性的管理环境下，成长速度很快。如今，许多博士已经走向了企业内的重要岗位，有的晋升为部门主管，有的晋升为某项目的首席工程师。得到晋升和重用的博士，也拿到了满意的高薪，他们的家庭生活也变得更加富裕。

第三，这位老板为了锻炼博士，每年还会不定期派他们出国考察、学习，且费用全部由企业支付。事实上，许多企业老板没有这样的眼界，更不想掏钱。但是这位老板眼界很开阔，且出手大方。博士们出国，有了见识，学到了国外的先进管理流程和先进工艺，回来后对企业进行改造，且成果显著。博士们事业上取得了成功，职位得到了晋升，收入得到了提高，更愿意留下来继续奋斗，扩大自己的事业版图。

如今，这家拥有现代化用人机制的企业已经上市，企业计划打造一套新体系，就是帮助优秀人才进行创业，由企业牵头入股，扶植企业内人才创新，打造新产业、新项目。这套机制推出之后，企业内的人才非常开心，他们笑着说："没想到，自己还能当老板！"

许多企业老板只是把员工定义为工具人，老板花钱雇人，员工就要认真工作，报答自己。其实，这个思路是错误的。老板与员工并不仅仅是雇佣与被雇佣的关系，而是一种合作关系。换句话说，老板与员工是平等的，双方之间的合作，都是为了实现自己目标。老板的目标有两个，投资得到回报，公司能有长远发展；员工的目的也有两个，收入明显增加，梦想能实现。其实，这两个目的是一致的。老板的投资收益丰厚，把钱分给自己的合作伙伴；企业成功了，老板和合作伙伴的梦想也就实现了。所以说，企业、老板、员工三者之间的利益是一致的。上面故事中的老板非常聪明，他能想到这一点，即：老板与博士进行合作，有钱大家一起赚，有梦想大家一起去实现。老板给人才提供良好的成长空间，甚至支持他们创业当老板，人才不但选择留下，而且还会释放更多能量。苹果公司是世界上品牌价值排名第一的公司，这家公司之所以能够留下人才，凭借的也是一套现代化的用人管理机制。简单来讲，这套机制主要体现在四个方面。
（如图9-7所示）

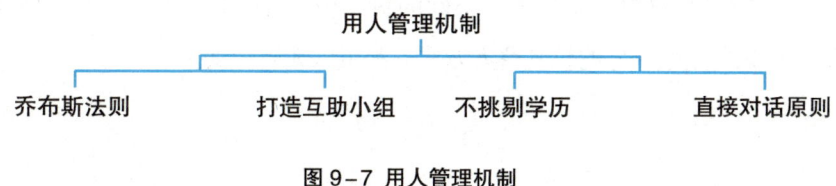

```
                        用人管理机制
        ┌───────────────┼───────────────┐
   乔布斯法则      打造互助小组     不挑剔学历      直接对话原则
```

图9-7 用人管理机制

1.乔布斯法则。

什么是乔布斯法则呢？乔布斯说过一句话："我过去常常认为一位出色的人才能顶两名平庸的员工，现在我认为能顶50名。"言外之意，人才就是产能，甚至代表着价值。因此，苹果公司会动用一切条件挖掘或者留用这些"一人顶五十人"的人才，且不计成本。

2.打造互助小组。

俗话说，"一个好汉三个帮"，人人都有遇到困难无法解决问题的时候，即使是一个独来独往的英雄。还有一句话说，"三个臭皮匠，顶个诸葛亮"。即使再聪明的人，也无法与群策之力相比。因此，苹果公司打造了互助小组，帮助员工解决问题，这也给许多员工解决了后顾之忧。

3.不挑剔学历。

许多企业会采取设置学历门槛的晋升方式，而苹果公司对学历不太挑剔，它更看重拥有一技之长的员工。如果一个企业能够用好一名员工的长处，而他的短板由其他人来弥补，许多人就会留下来安心工作，因为他不会因自己的短板而被炒鱿鱼。

4.直接对话原则。

有一些企业老板也在推崇和谐文化，但是更多情形是这样的：表面很和谐，其实很混乱，矛盾重重。苹果公司直接打破了这种和谐，采取的是一种直接对话沟通的模式，有问题直接当面解决，员工有问题可以直接向老板提出来，并且能够从中碰撞出更多思想上的火花。

总之，不同的企业会采取不同的机制留人，有的偏感性，有的偏理性……只要是效果好的机制留人方式，都可以大胆尝试。

福利留人

留住人才的方式还有很多，除了上述那些方式方法外，给员工和人才提供良好的企业福利，也能起到良好的效果。什么是福利呢？福利就是间接的工资，如保险、年金、过节礼、带薪假期等。通常来讲，一个工作环境好、企业效益好的企业都会给员工提供一些福利，只是福利多与少的问题。我们借助一个案例来分析一家企业给员工怎样的福利，就间接解释了该企业为什么能够留住人。

某城市有一家企业，这家企业也是当地远近闻名的企业，员工工资收入高，福利待遇好。有一名技术人员叫小张，他在这家企业工作了七年，算是这家企业的老员工了，虽然他年纪不大，却没有想过离开这家公司另谋高就。他说："我希望在这家公司工作到退休。我身边的许多朋友、同学都经历了更换工作或者跳槽，到现在为止，仍旧没有找到一份他们喜欢的工作。"

小张这句话传递出两个信号：

第一，小张非常喜欢这家公司，甚至觉得这份工作就是自己想要奋斗终生的事业，且满意自己目前的工作，这份工作与自己有良好的契合度；

第二，小张对这家公司所提供的工资和福利，感到非常满意。如果进行横向对比，大多数公司所提供的各种福利待遇都不及这家公司。既然如此，为什么还要跳槽或者换一份工作呢？

我们来看看这家企业给员工提供的各种福利吧，然后进行一一分析。（如图9-8所示）

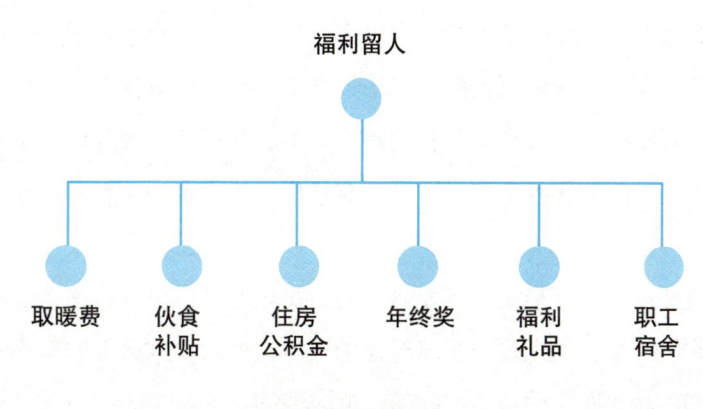

```
                        福利留人
          ┌───────┬───────┬───────┬───────┬───────┐
         取暖费  伙食   住房   年终奖  福利   职工
                 补贴  公积金          礼品   宿舍
```

图 9-8 福利留人

取暖费：尤其在北方地区，几乎所有的城市到了冬天都会采取集中供暖的方式，帮助老百姓进行过冬。但是集体供暖并不是免费的，需要住户自己缴费。小张所在的城市，平均一平方米房屋需收取25.6元取暖费。如果小张的房子是100平方米，那就要一次性收取2560元。2560元对于一个普通工薪家庭而言，并不是小数字。但是，小张所在的公司，每年给员工发放2000元的取暖费，每年11月1日发放到个人的工资卡。换言之，小张只需要自己缴纳560元取暖费即可，这就能帮助一个普通工薪家庭减轻2000元的经济负担。

伙食补贴：这家外企拥有员工食堂，并且每月给员工发放200元的伙食补贴。由于该企业员工食堂是对内不对外的，且饭菜价格低廉，200元的伙食补贴可以满足员工每个工作日的一餐需求。小张与妻子都在这家公司上班，则两个人的午餐完全是免费的，这又为自己的家庭生活节省了不少开支。

住房公积金：如今，许多企业都有住房公积金，住房公积金也是一项非常好的福利方式。在小张这家公司，员工缴纳三分之一，剩余的三分之二由企业缴纳。小张的住房公积金每个月为1500元，小张妻子的住房公积金为每月1800元，夫妻两人购买房子选择了"公积金贷款"，为自己置业减轻了许多压力。小张说："我是农村孩子，父母在老家务农，没有能力帮助我买房，只能靠我们自己。因为有了住房公积金，才有了现在的这套住房。"

年终奖：年终奖也是一项常规福利，每年春节之前，这家企业就要给员工发放年终奖。小张是一名普通技术人员，公司发放给他的年终奖为三个月的工资。小张每月收入6000元，即年终奖为18000元；小张妻子每月工资7000元，即年终奖为21000元。当然，不同级别的年终奖是不同的，如部门总经理的年薪是30万元，年终奖为半年年薪，即15万元；企业总公司副总经理年薪50万元，年终奖为一年年薪，即50万元。小张说："虽然我月薪并不多，但是加上年终奖、其他奖金补贴等，每年年薪也超过了10万元，我的妻子比我还要多一些。"这样好的福利待遇，为什么不留在公司里继续干下去呢？用小张的话说："我打算继续深造，提升自己的学历和技术水平，争取再往上走一步。"

福利礼品：许多企业也会给员工发礼品福利，这家企业也是如此。小张说："我们公司发放的福利礼品花样真不少，过年有价值800元的过节礼品，如花生油、鸡蛋、牛奶等；中秋有中秋大礼包，包括一桶花生油和一盒包装精美的月饼；端午节有端午大礼包，两盒名牌龙舟粽子；甚至夏天天气炎热，公司还会给每一名员工发放两斤福利茶。虽然我不喝茶，但是我会把茶送给我的岳父，他喜欢喝茶。每次送茶给他，他都非常开心。"

职工宿舍：由于小张的家离公司有20公里，每天上下班都乘坐公司的大巴车，中午没有办法回到家中休息。这家企业也考虑到了这一点，为员工建了职工宿舍，每人都可以申请，每个月只需承担水电费。小张和妻子每天中午都会选择回职工宿舍休息调整，每个月也只需缴纳几十元的水电费。对他们而言，公司的这种做法非常人性化。

除此之外，这家企业也提供带薪休假等福利，每年给予员工17天的带薪假期。利用假期，小张与妻子每年都会外出旅游，充实丰富自己的家庭生活。我们讲述这个案例的意义在于，福利是非常好的留人方式，而制定福利制度也是人力资源部门的核心工作内容。

激励留人

许多人因一次激励而选择留在企业，不得不说，激励也是一种很好的留人方式。有些人在自己的工作岗位上创造了非凡的成就，企业老板也能随时兑现这种激励措施。激励分为两种激励，一种是精神激励，另一种是物质激励。只有精神激励没有物质激励是不行的，只有物质激励没有精神激励也不行。因此，我们需要将物质激励和精神激励结合在一起，这样才能起到真正的激励效果。

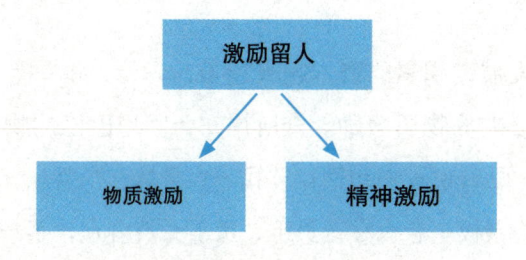

图 9-9 激励留人的方式

马云说过这样一句话："不要让你的同事为你干活,而要让他们为我们的共同目标干活,团结在一个共同的目标下,要比团结在一个人周围容易得多。"这句话是具有精神激励作用的话,也是马云创业之初坚持的一项原则。阿里巴巴的起步之路是非常艰辛的,那时候的马云还没有能力给自己的员工高福利、高薪水,但是那些创始员工却始终没有离开马云。难道马云身上真的有一种神奇的魅力吗?诚然,马云身上确实有一些魅力,但是马云同样也是一位激励大师,而上面那句话就是一句精神激励的话语。为自己工作而不是为别人工作,相信许多打工人都选择后者,每天工作八小时,领取一天的薪水,结束一天的工作,便不再思考或者从事与任何工作有关的事情,他们承认自己与老板的关系是简单的雇佣关系,老板雇我,我替老板打工,老板给我发工资。工作时间久了,也就会形成这样一种打工思维,在打工思维的持续影响下,员工变成了工具人。

如果老板对员工的激励是:"要为自己工作,为自己的事业打拼,而我们只是合作关系。"这时的员工就会颇感意外,甚至会产生一种为自己打工的思维,这种思维是一种积极思维。当这种思维开始影响自己的时候,这种精神激励就开始产生效果了。雷军对新员工也说过这样一番话:"在你上班的第一天就要告诉自己,我在这里工作,每天的工作就是来增加我的能力、我的阅历,丰富我的经验,我不是为公司工作,也不是为领导工作。"雷军的这种激励与马云的激励方式不谋而合,同属于精神激励。

随着企业发展,积累的资本越来越多,马云、雷军等人会给员工高薪、高福利和必要的物质激励。众所周知,阿里巴巴的物质激励在业内是非常有名的。马云说过一句话:"我一直坚持一个观点,没有吃亏的员工,只有吃亏的老板。老板亏待员工,员工亏待客户,客户亏待老板!就这样一个简单的理！另外，让优秀的员工吃亏了，老板自己损失最大。"因此，马云也是一位非常大方的老板，只有让员工多赚钱，企业才能多赚钱。我还记得有一位企业家，这位企业家是白手起家，从零资产做到了几十亿元市值，艰难走过了30年。但是这位老板同样有这样的魄力，就是给员工发钱。他说："20年前，我们公司只有300人，企业规模还很小，我就启用了当时国际上比较流行的KPI。我想，如果大家完成了KPI，我就按照5%的额外收益给他们提成，如果超额完成KPI，我就按照超出部分的10%给他们发提成。结果，有几个年轻人确实很厉害，月月拿到高额提成，收入比许多部门主管都多。有些主管眼红，跑到办公室找我：'郭总，让他们赚这么多钱，以后怎么得了？钱比我们赚得多，肯定会不听话的。'我对这些干部说：'我们有制度，他们为什么不听话？再说，他们赚的钱不是昧良心的钱，是他们的辛苦钱，是他们应得的。'后来，这些主管不再找我，我们也采取了全员KPI激励考核，效果显著。有一位项目分包经理，一年赚了100多万元，但是分包项目赚了1000万元。春节的时候，我又私底下奖励给他一辆价值几十万元的奔驰车，拿到钥匙之后，他对我当面立下军令状：'郭总，我一定好好干，不辜负你的期望，争取分包项目三年内实现利润一个亿。'没想到，这个年轻人果真说到做到了，如今已经是我们公司的副董事长了。"所以，物质激励与精神激励并举，更能产生良好的效果。那些得到激励的员工也会感谢企业、感谢老板。我记得有位企业员工拿下了KPI冠军，得到了老板一套商品房的嘉奖，他喜极而泣地说："只有在这样的平台，我才能展示自己的能力，才能得到这一切。"这位拿到KPI冠军的人，得到如此激励的人，怎么会跳槽去其他公司呢？

当然，激励的方法多种多样，有精神激励、物质激励、文化激励、目标激励、榜样激励、支持激励、荣誉激励、关怀激励、行为激励等（如图9-10所示）。这些激励每时每刻都能用，甚至还可以使用负面激励，即适当的惩罚，也能起到很好的鞭策效果，并且能够留住那些有本事、有才华、有激情、有担当的优秀人才。

精神激励　物质激励　文化激励　目标激励　榜样激励　支持激励　荣誉激励　关怀激励　行为激励　……

图9-10　激励方式

股权留人

给员工分配股权已经不是什么新鲜事情了，许多知名企业都在那么干。大家知道原因吗？用一位企业老板的话说："这种方法是最好的'捆绑术'。"所谓"捆绑术"，就是将员工"捆绑"在自己企业里。有了股权，员工就能拿到分红。有些企业给员工的分红并不比工资奖金少。因此，许多新人更加意志坚定地选择能拿到股权的企业。由此可见，给员工股权，不仅可以留住员工，而且还能吸引更多的优秀人才加盟公司，简直是一举两得。

山东有一家大型企业，这家企业原本是国企，后因经营不善破产，最后改制成了股份制企业，新老板年轻有为，并且大胆使用了一些年轻有魄力的干部。这些干部上任之后，对企业进行了改革，其中人力资源部门推出了股权激励。最初，企业给中层以上干部分配股权，这些中层干部大多数是企业精英，放走任何一个可能都会给企业造成损失。于是，企业对这些中层干部下发通知：企业要给中层以上人员配股，参考企业实际和市场行情，以2.4元每股销售给大家，每名中层最多可购买10万股，按照级别以此类推。当然，购买股权是自愿的，可以买也可以不买。但是绝大多数中层以上干部都购买了股权。第二年夏天，企业盈利开始分红，那些持有10万股的中层干部分到了六万元的红利，这简直有些出乎意料。此时企业老板发话了："如果我们企业效益更好，利润更好，你们手里的股权会更加值钱！"当时，一位中层干部的年薪只有八万元，加上六万元的分红，年收入达到了14万元。于是，这家企业有了强大的凝聚力和战斗力。结果第二年企业多赚了一亿元的纯利润，每个人分到了13万元的分红。这时，有些员工写信问老板："老板啊，什么时候给我们分红啊，我们的贡献一点也不少。"此时，老板开始改革了，并且准备给贡献大、能力强的员工股权。在一次年底大会，老板对员工们说："每年我们都会评选劳模、标兵、工作能手，每次评优占我们总员工人数的15%，我们都会给奖金。明年，我们不但给奖金，而且奖励股权。只要你们拿到了劳模、标兵、工作能手，就会给股权。"听到这件事后，员工都很开心。他们在岗位上积极工作，相互竞争，在"赶比超"的工作氛围下，许多员工的绩效都得到了提升。第二年，有15%的优秀员工如愿得到了两万股的奖励。两万股就意味着，在正常经营年间，他们每年可以拿到一万元的分红。如果优秀员工晋升为中层干部，就会提升到10万股，以此类推。如今，这家企业已经有接近50%的员工拿到了股权，每年夏天都会拿到分红。企业老板说："我们就是靠这套方案激励员工的，员工在激励中快速成长，为企业创造贡献。如今，向我们企业投递个人简历的优秀人才越来越多，我们也希望有志之士加入我们企业，与企业一起发展。"如今，这家企业是一家成功的上市企业，拥有股权的管理人员、员工都有了殷实的家底儿。

山东的这家企业采取的股权留人法就是典型的股权激励，国内如华为、小米、腾讯等知名企业都在采用这个方法。在卓雄华、俞桂莲撰写的

《股动人心：华为奋斗者股权激励》一书介绍了华为探索的九大股权激励机制，即：虚拟股票发行机制、员工配股机制、虚拟股票定价机制、资金解决机制、年度分红机制、虚拟股票退出机制、虚拟股票保留机制、公司治理机制、股权文化机制。任正非是一个非常重视人才的企业家，他也曾说："什么是人才，我看最典型的华为人都不是人才，钱给多了，不是人才也变成了人才。"言外之意，只要给予足够的激励，普通人也可以变得不普通。

不久前，中国网财经频道刊发了一篇名为《华为掏614亿给员工分红，人均47万！任正非不到1%，网友点赞：钱散人留！》的文章，文中写道："被美国打压了三年多时间的华为，自身困难重重，仍然没有忘记致敬奋斗者。派出公司历史上最大的红包，将614亿元用于13万名员工分红，人均近47万元。"是啊，华为的这种激励是非常成功的，也是典型的钱散人留的做法，这种做法难道不值得其他企业学习吗？

第十章

员工离职管理

员工离职因素分析

员工离职是非常常见的现象，有的员工是自动离职，也有一些员工属于被动离职。对于企业而言，能够留住最优秀的员工一直是一项极具挑战性的工作。不过员工离职这件事，也要具体原因具体分析。（如图10-1所示）

```
        没有如实描述工作环境和员工福利

工作疲劳也会失去工作                    没有因人设岗
动力
                    员工离职
                    因素分析

晋升体系不公平、不透明              不切实际的 KPI 逼走员工

        压迫性的企业文化
```

图 10-1 员工离职因素分析

案例一：

小王是一名刚刚入职一个月的新员工，但是后来选择离职，甚至连试

用期的工资都放弃了，这是为什么呢？小王说："参加招聘面试的时候，HR面试官说这家企业有非常好的工作环境，且以人为本，有良好的市场竞争力，也能给员工提供很好的企业福利，可事实并非如此。这家企业工作环境不怎么样，而且根本没有什么福利。"这就要求我们的HR，在应聘和面试阶段，向应聘者如实描述企业环境，否则，不仅会造成大量人员流失，而且会给企业带来巨大损失。

案例二：

小孙在一家企业工作了半年，因某些原因而选择了离职，后来去了另外一个公司后表现良好，一直工作到现在。小孙说："找第一份工作时，我是奔着那家企业的技术岗位去的，我是学计算机专业的，在技术岗位应该能够创造更多的价值。但是入职之后，这家企业的人事部门把我分配到生产车间从事生产工作。一方面，我对生产毫无概念，无从下手。另一方面，我对这样的安排表示不满，但是相关部门并不重视，也没有回应。最后，我只能选择离开。"现实中，像小孙这样的情况有很多。如果人事部门没有因人设岗，让错误的人出现在错误的岗位上，与逼迫员工离职无异。

案例三：

小陈在一家公司工作了一年有余，原本他打算继续在这家公司工作，最后却无奈选择离职，小陈为什么会选择离职呢？他说："我是一名营销人员，天天在外面跑市场。最初，我的业绩还不错，也能拿到不错的提成。到了后来，销售总监不断提升绩效目标，再怎么跑也完不成销售任务了，连基本工资都拿不到。其实，我们部门走了很多人，都觉得营销总监的做法很不人道，这根本不是为了公司，而是变相赶我们走。"有一些企业部门确实存在这种现象，通过不断提升考核指标强迫员工劳动，这种做法也有触及法律风险的可能，人力资源部门应该对这类事件进行调查。关于"员工离职的法律问题"我们将在下文详细阐述。

案例四：

小吴在一家公司工作了三年，而他所在的公司似乎也是一家不错的公司，公司规模足够大，福利待遇也还不错，那为什么小吴也会选择离职呢？小吴说："最近，企业天天搞纪律检查和法制文化检查，天天都是公司纪律、风险防控。我不反感这类检查，但凡事都有个度，天天如此已经影响到正常的办公了。后来，有一家公司招聘办公室人员，提供的薪水待遇也差不多，我就辞职了。过去之后发现，这家新公司非常符合我的要求。"说到底，如果员工的价值观与企业的价值观不同，员工也会选择离职。对于企业而言，应该加强企业文化建设中的包容性，而不是给员工提供一种压迫性的文化。

案例五：

老李在一家企业工作了10多年，这家公司也是当地的一家龙头公司，纳税第一大户，但是最近老李离职了。那么，老李为什么选择离职呢？老李说："我对这家企业是有感情的，工作10年，相当于结婚10年……但是我不得不离职。我觉得我是一个有能力的人，不想把职业生涯全部浪费在这里。无论是技术能力、技术职称、工作年限，我都达到了晋升标准，为什么我没有得到提拔吗？我心里很清楚，因为我没有走后门，我们的领导喜欢提拔送礼走后门的人，这对真正有能力的人是不公平的。"其实，这样的现象是存在的，晋升体系不公平、不透明，也会引起人才流失。如果企业没有建立公开、公平、透明的晋升体系，也就无法留住真正的人才。

案例六：

老陈在一家公司工作了17年，竟然也选择了离职。这家企业是一家上市公司，企业规模很大，也有很完善的管理体系，老陈为什么选择离职呢？老陈说："不是因为这家公司不好，不好的话我能工作17年吗？我觉得，我已经失去了工作激情，产生了一种懒散心理。我想去另一个岗位工作，申请多次都没能解决。所以，我想换个环境。"最后，老陈选择了下海创业。如今，一些员工因工作疲劳也会失去工作动力。但是，企业也应该从职业角度出发，从员工的内心需求出发，倾听员工的内心，适当为员工提供换岗机会，让员工保持积极的工作状态。

当然，员工离职的因素实在太多，我们无法一一分析与讲述。有些企业在这方面做得挺好，HR会向员工定期发放满意度调查表，了解员工需求，然后进行有计划的调整。

员工离职的法律问题

有时候，员工离职时也会遇到一些法律问题，这是我们诸多企业不得不面临的问题。有些企业设有专门的法务部门，也有一些企业与律师事务所合作，来解决这些法律问题。但是无论如何，掌握一些法律常识是HR的一项工作，尤其是《劳动法》及其相关规定，避免因员工离职带来法律问题。我们通过相关案例进行简单说明。（如图10-2所示）

员工离职的法律问题

- 未按照劳动合同约定提供劳动保护或者劳动条件的，劳动者可以解除劳动合同
- 企业没有及时向员工支付足额的劳动报酬
- 不给签订劳动合同的员工缴纳社保
- 用人单位的规章制度违反法律、法规的规定，损害劳动者权益的，员工有权解除劳动合同
- 用人单位以暴力、威胁或者非法限制人身自由的手段强迫劳动者劳动的，或者用人单位违章指挥、强令冒险作业危及劳动者人身安全的，劳动者可以立即解除劳动合同，不需事先告知用人单位

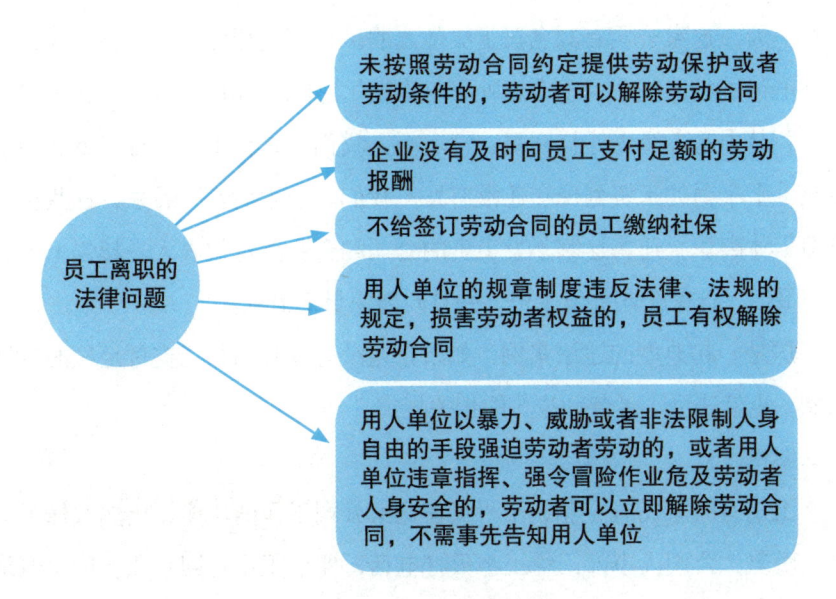

图10-2 员工离职的法律问题

案例一：

有一家企业在生产期间发生了意外事故，而事故调查结果显示并非因员工的操作不当而引发。后来，这名员工在住院期间，企业并未按照合同规定为该员工支付相关费用。这名员工自费完成整个医疗过程，伤愈之后，企业通知该员工回企业继续履行劳动合同，但该员工直接选择了离职。

其实，员工离职的做法并不违法，而涉事企业在此之前并没有按照合同约定对这名员工提供劳动保护，这违反了《劳动法》第三十八条的相关规定，未按照劳动合同约定提供劳动保护或者劳动条件的，劳动者可以解除劳动合同。

案例二：

有一家承揽建筑工程的公司，一直处于正常生产运营状态。但是，突

然有一天，这家公司有22名员工集体离职。公司老板知道后非常生气，并且打电话进行追问："现在正处于工作繁忙之际，你们都走了，我该怎么办？"其中有一个人这样回复："老板，我们都是打工人，打工就是为了赚钱。上个月的工资到现在还没有发，我们怎么生活？"后来，这些员工不但集体离职，还将这家不发工资的公司和企业法定代表人一起告上了法庭。最后，这家公司补发工资，并且向离职员工道歉。

这是一起典型的违法案例，如果企业没有及时向员工支付足额的劳动报酬，也就违反了《劳动法》的相关规定。

案例三：

山东有一家民营企业，王小贝在这家公司工作两年多，突然选择了离职。后来，公司人事部门给王小贝打电话，要求王小贝回企业上班，但是王小贝坚持不回，并打算起诉企业，这又是怎么一回事呢？事实上，这家企业虽然给王小贝定期发放工资和奖金，却一直没有给王小贝缴纳社保。而当初合同规定，签订劳动合同之后，企业就要为员工缴纳社保，但是这家企业并没有按照劳动合同的规定为王小贝缴纳社保。

如今，社会中仍有这样的企业，这些企业仍在想方设法钻法律空子，不给签订劳动合同的员工缴纳社保，这本身就是违法的。因此，企业必须按照相关法律规定，给签订劳动合同的员工依法缴纳社保，否则将会引发劳动纠纷，并且导致员工流失。

案例四：

南方有一个公司，一个月内流失了100多名员工，这些员工均来自生产流水线。其中一名员工说："这家企业完全就是一家'流氓企业'，我们都是计件收入，赚得都是辛苦钱。但是这家企业怎么做的？我们需要上厕所的时候，不许我们上厕所。允许上厕所后，只给五分钟时间。因为这些非人性的规章制度，我们不仅精神压力很大，而且违规一次，就要扣工资200元。这些规章制度是谁制订的？它合法吗？"

这些违规做法在企业中时有出现，动用不合法的规章制度克扣员工工资，损害员工利益，因而违反了《劳动法》中的规定，即：用人单位的规章制度违反法律、法规的规定，损害劳动者权益的，员工有权解除劳动合同。企业制订规章制度一定要合理、合法，而且要合情。在法治建设不断完善的社会中，需要讲人性的规章制度鼓励员工工作，而不是损害员工利益。

案例五：

还有一家企业惹来了官司，12名员工选择集体离职并起诉这家企业。为什么会这样呢？这家企业从事码头分包业务，员工负责清理码头方面的工作。他们签订的劳动合同规定，每天工作八小时，如特殊情况超出工作时限，每超出一小时按照"半日工资"计算。有一次，这家企业接到任务，派员工工作，但是天气非常恶劣，当天的任务在八小时内并没有完成，因此需要换班交接，而其他员工出于自身安全考虑没有上岗。最后，12名员工被强迫在码头继续工作，连续时间长达14小时。离职员工以"用人单位以暴力、威胁或者非法限制人身自由的手段强迫劳动者劳动的，或者用人单位违章指挥、强令冒险作业危及劳动者人身安全的，劳动者可以立即解除劳动合同，不需事先告知用人单位"为由，选择了辞职，并起诉该企业。

一家企业想要长久发展下去，就需要规避这些法律风险，确保劳动者的合法权益，这样才能留住员工和优秀人才。

员工离职处理技巧

员工离职是非常常见的现象，即使是在世界500强公司中，也会有员工流失的现象。如果一名员工决定要离开这家公司，HR该怎么办呢？是坐视不管还是劝说留下？我想，HR的一项重要工作就是如何对待并处理员工离职这件事。（如图10-3所示）

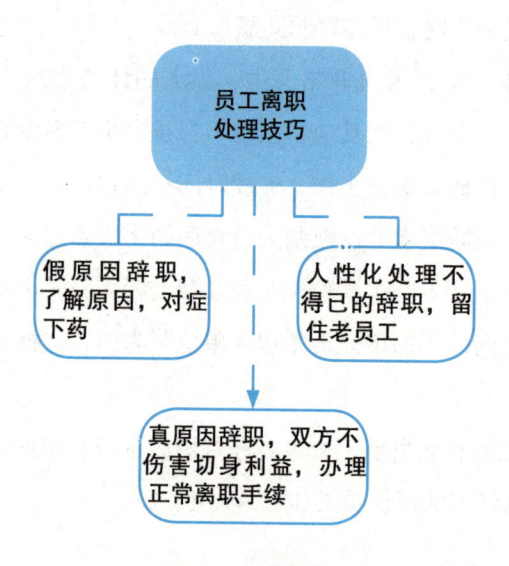

```
              ┌──────────────┐
              │  员工离职     │
              │  处理技巧     │
              └──────────────┘
         ┌─────────┼─────────┐
 ┌──────────┐             ┌──────────┐
 │假原因辞职，│             │人性化处理不│
 │了解原因，对症│           │得已的辞职，留│
 │下药       │             │住老员工    │
 └──────────┘             └──────────┘
              │
      ┌──────────────┐
      │真原因辞职，双方不│
      │伤害切身利益，办理│
      │正常离职手续     │
      └──────────────┘
```

图 10-3 员工离职处理技巧

黄小洁是一位资深HR，她经常处理员工离职这类事务，她有许多经验，也有许多话要说。她讲道："有一位员工，不知道怎么回事儿，20天没有上班，给他打电话也打不通，很让人着急。公司有规定，如果连续旷工22天，他就会被自动辞退掉。到了第21天，我终于打通了他的电话。电话里他支支吾吾地，仿佛有难言之隐。于是，我约他见面，见面地址选择了一家咖啡馆，他没有拒绝，决定与我见面。见面之后，他告诉我，他最近心情很低落，刚刚离婚，他甚至怀疑自己得了抑郁症，但是他不敢去医院，于是把自己关在家里20天。我问他：'如果你再不去上班，你会被除名的，后面你靠什么度日？没有工资啊。'他告诉我：'我想好了，我想换一种生活方式，不想去上班了，或者我要休息一阵子。真是麻烦你了……'经过一番沟通，我知道了他的想法。他确实有离职的意愿，而且这种意愿非常强烈。这个员工以前表现挺不错的，也没有犯过任何错误。但是，辞退或者开除的名声很不好，我建议他写辞职信。他接受了我的建议，我们收到辞职信后，为他名正言顺地办理了离职手续。辞职的名声比开除的名声好，而且不影响继续找工作。"是啊，黄小洁选择了一种温和的沟通方式，去解决这名员工的离职问题，这名员工离职之后，休整了半年时间，然后找了另外一份工作。

黄小洁还遇到过一种离职的，她说："有一个年轻人急匆匆地来到我的办公室，非常生气地提交了辞职信，说明天就要离职，不想继续干了。我问他：'到底怎么了？能告诉我吗？'我关上门，告诉他：'这里只有我们俩，你放心，你说吧，我听着。'我给他倒了一杯水，他慢慢安静下来。于是他说：'我们办公室有小人，经常跑到领导那里打小报告，领导又找我问话了。我最讨厌的就是这种小人，君子坦荡荡，小人长戚戚。我不想跟这样的人同处一室，我自己都觉得丢人。'听到他讲出这样的话，我安慰他：'既然我们是君子，君子何必跟小人计较呢？如果你这样走了，不就中了小人的奸计了？我想，你们领导也没有做错，他找你，就是核实那些举报是否是真实的。如果他核实了，确实不是你做的，是不是就会识破小人的伎俩？你年轻有为，业绩很好，再坚持坚持，说不定就成了部门的领导，到那时，那些小人还敢举报你吗？'经过一个小时的谈话，这个年轻人终于想通了，当场撕掉了辞职信，并说：'黄姐，我想好了，继续工作，用自己的正面形象告诉小人，君子也不是好惹的。'我对他说：'如果还是想不通，或者想要说话，随时可以来找我。'其实，他只是突然生出了离职的念头，如果沟通顺利，他会继续留下来工作的。现在的企业都是一个萝卜一个坑，走了一个，很难迅速找到第二个合适的。因此，要想办法留住他们。他们走了，就是企业的损失。我们做HR的，就是要留住企业必不可少的人。"是啊，留住那些必不可少的人，才能为企业止损。就像黄小洁所讲，如果员工没有犯错，也不是必要的离职，为什么不劝说他们留下呢？

　　黄小洁还遇到过这样一种离职，她说："有一名老员工，工作20多年了，突然提出离职，并且已经有多天未上班。有一天下班后，我决定约他见个面。后来，我来到他家小区门口，他正急匆匆地出门。他告诉我：'不是我想离职，是实在没有办法。我该请的假全部都请完了，现在只能旷工。我也知道，旷工超过22天就会被辞退，那我还不如提前写个辞职信辞职。'我问他到底发生了什么？他这才告诉我：'我的老母亲中风了，她就我一个儿子，我媳妇跟她有些矛盾，根本不去医院照顾。我能怎么办？我不能不管我老妈吧？再者说，我也请不起护工啊，工资卡里那点钱还要给她治病。'了解了这个情况，我告诉他：'给我两天时间，我给你一个答复。'回去之后，我就向老板请示汇报了，老板说：'特殊事情特殊对待吧，给他个带薪休假吧，毕竟也是孝子。'于是我把这件事告诉了他，老员工听了之后，当场就落了泪，并决定：'等我妈出院了，我一定回去加倍工作，感谢你，感谢老板，感谢公司。'后来，企业多次派人去医院探望，了解他的困难和需求。两个月后，这位老同志归队了，工作更努力、更勤奋了。"

讲故事的黄小洁告诉我们，如果遇到员工辞职的情况，一定要加强沟通，了解原因，用一种最人性的方式解决问题，才能留住那些企业需要的人。

不合格员工的辞退工作

上一篇文章，我们讲述了如何留人，实际上，有些人是留不住的，甚至每个企业都存在不合格的员工，这又该怎么办？我记得有一位企业管理者说："对待不合格的企业员工，我们该辞退辞退，该开除开除。"现在我们还是继续接着上面的案例进行介绍。（如图10-4所示）

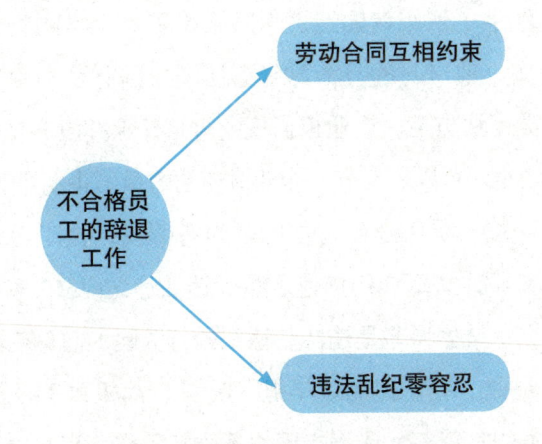

图10-4 不合格员工的辞退工作

黄小洁曾经遇到过这样一个案例，她说："遇到绩效考核不合格的员工该怎么办呢？其实，这就应该按照相关规定去处理了。有一位员工，连续多个月都没有完成考核指标，我曾经找他：'能不能完成考核指标？毕竟考核这事儿是很重要的，如果你无法完成，我确实也没有好办法。'他告诉我：'我不是不想完成，可能确实精力有限，我只能等着。'这种情况我只能如实汇报，考虑是否按照合同规定进行处理。最后公司决定必须要按照相关规定处理，通过沟通，并且依照合同法和企业规定，最后将他辞退了。"后来，黄小洁说："对于考核任务完成不了的人，因为有合同等相关规定，我们只能这样做。除此之外，公司与员工签订了劳动合同，而劳动合同都是相互约束的，因此我们也只能这样做。"职业生涯是残酷的，企业也不是慈善机构，如果一个人的能力无法适应企业岗位的需求，在合理合法的条件下，企业只能选择终止劳动合同。

黄小洁遇到的第二个辞退案例是这样的，她说："有一名员工，他虽然很有能力，但是却实实在在给企业造成了损失，这样的错误是不允许的，我们应该怎么办？只能把他开除。这名员工从事采购工作，但是，在采购过程中，他拿了供应商的钱，然后采购了不合格的物资，给企业造成了损失。其实，他自身的行为已经违法了，因此公司做出了开除的决定。"对于这类违法员工，企业根据规定对其开除并没有任何错误。我想说，员工对违法企业可以零容忍，企业对违法的员工也要零容忍。

法邦网有一篇《员工违纪违法的行为有哪些，员工违纪违法时企业怎么处理》的文章，文章详细描述了员工违法违纪时HR应该怎样处理的相关做法。那么，具体哪些是违法、违纪的行为呢？总结有以下几点：第一，违反劳动纪律，经常迟到、早退、旷工、消极怠工，没有完成生产任务或工作任务的；第二，无正当理由不服从工作分配和调动、指挥，或者无理取闹，聚众闹事，打架斗殴，影响生产秩序、工作秩序和社会秩序的；第三，玩忽职守，违反技术操作规程和安全规程，或者违章指挥，造成事故，使人民生命、财产遭受损失的；第四，工作不负责任，经常生产废品，损坏设备工具，浪费原材料、能源，造成经济损失的，等等。如果员工的做法给企业造成了严重损失，而且确实违规违法，HR完全可以用法律的武器解决这个问题。

当然，如果员工确实违规违法了，是不是一定要采取开除的方式呢？我想，还要看对方的犯错违法的程度，以及对方的认错态度。通常来讲，企业会采取警告、通报批评、记过、记大过、降级、撤职、留用察看等方式，如果有些员工犯错了，是不是可以采取另外一种人性化的处罚方式呢？黄小洁说："其实，企业大多数时候是能够容忍员工犯错的，只要员工犯错不大，或者考核结果并不是太差，都会包容员工。企业无法容忍的是严重的违纪违法行为，如果给企业造成巨大的损失，企业不允许，法律也不允许。"对于HR来讲，想要开除或者辞退一名员工，一定要搜集相关证据，在证据齐全的情况下，再做出相关决定。

控制员工离职率的方法

一个企业想要发展，就要留住那些对企业有贡献的员工。前面，我们介绍了员工为什么选择离职，现在我们来讲讲如何控制员工离职率，我想需要从以下几个方面去做。（如图10-5所示）

```
控制员工离职率的方法
├── 提升福利待遇
├── 改善工作环境
├── 融洽人际关系
└── 为员工搭建平台
```

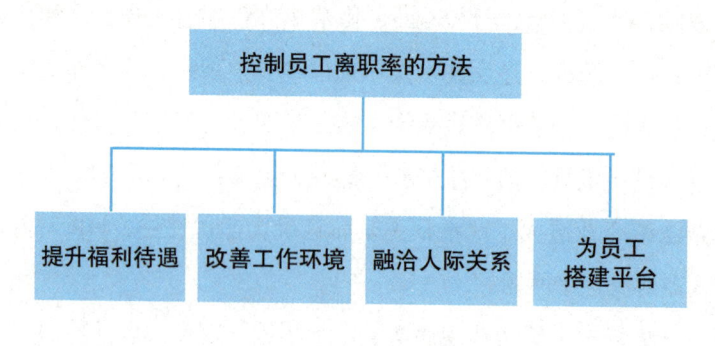

图 10-5 控制离职率的方法

一、提升福利待遇

员工工作的动力很大程度源于福利待遇。有良好的福利待遇，就会继续在企业里工作。北方有一家企业，这家企业每三年增加一项福利，以前有过节费、取暖费、防暑降温费，近几年又增加了旅游费、交通补贴等，仅各种福利津贴等每年超过两万元。这家企业老总认为："给员工发放福利，员工心情好了，工作就有力了。"事实上，企业福利与企业效益是挂钩的。员工努力工作，企业赚了钱，然后拿出一部分奖励员工。现实中，有些企业老板太吝啬，甚至连福利二字都不想提。结果，这样的企业年年流失好员工，年年招聘新员工，老员工走了，新员工补充进来，进来不多久又走了，这是何苦呢？因此，企业管理者应该试着换位思考，员工为什么选择离职？是不是福利待遇跟不上了？

二、改善工作环境

我记得一家企业的企业标语是："收入最高，环境最好！"这个标语很不错，进入这家企业，确实给人一种很舒适的感觉，员工都喜欢这样的工作环境，也喜欢在这样的环境下工作。谷歌公司的工作环境是令人羡慕的，畅销书作家尼基尔·萨瓦尔在《隔间：办公室进化史》一书中写道：

"当我去北加州参观谷歌公司的办公室时,类似的感受又出现了。像谷歌公司这样的园区办公室,将我们的所有生活都纳入一个区域。在谷歌,你不仅可以享受到全天的免费食物和随时可去的健身房,还能获得日托服务、园区内医疗及牙科服务,还能在阻力泳池里游上一圈,以及更换汽车机油什么的。"许多人都会羡慕谷歌公司的这种工作环境,在谷歌工作,不仅享受到了高薪,而且还能充分体验人性化的工作环境,甚至在紧张的工作之余,还能打一个回合的桌球比赛以缓解压力。

三、融洽人际关系

一个充满人情味的公司一定有良好的同事关系,也有良好的上下级关系。因此,HR们要充当人际关系的润滑剂,常常与员工进行沟通,常常去基层走访调查,帮助员工们疏解情绪。无论是HR,还是企业内的部门领导,都要加强与员工的沟通交流,加强人性化制度机制建设。如果在一个充满人情味的企业工作,为什么还要选择离开?我记得有一个离职原因统计,有三分之一的人选择离职的原因是心累。如果在一个尔虞我诈的工作环境下工作,很容易心累。还有一部分人选择离职,其理由是不想继续做工具人。"工具人"的这个名称不好听,侧面反映出一个问题,即被老板当成工具人是一件很悲哀的事情。

四、为员工搭建平台

人是有梦想的动物,人人都需要舞台。如果一家企业,能够给员工充分展示才华的舞台,员工还有什么理由选择离开呢?从某个角度看,企业就是员工的舞台,如果企业授权给员工,给员工更好的平台,或者能让员工看到自己未来的样子,他们就会选择留下来。现实中,有一些企业只是需要工具人,并不会给员工提供平台,员工就像一枚可有可无的螺丝钉,走了一个,再填补一个。其实,这也是一种不尊重员工的表现。给员工舞台,让员工发挥自己的能力,这些能力不就能帮助企业成长壮大吗?给员工展示才华的舞台,员工留下来了,企业也跟着增加收益了,这是一举两得。

如今,在一些企业内部设有专门为员工排忧解难的部门,这个举措是非常好的。还有一些企业设有情绪管理课堂,以此帮助并教育员工何进行情绪管理。我还记得有一家企业设有全民瑜伽课,员工在工作之余,还可以做瑜伽操缓解疲劳,这些丰富员工工作生活的方式也能防止员工流失。

图书在版编目（CIP）数据

人力资源管理：资深HR教你从入门到精通 / 温礼杰著. -- 北京：中华工商联合出版社，2023.5
ISBN 978-7-5158-3632-4

Ⅰ.①人… Ⅱ.①温… Ⅲ.①人力资源管理—研究 Ⅳ.①F243

中国国家版本馆CIP数据核字（2023）第050513号

人力资源管理：资深HR教你从入门到精通

作　　　者：	温礼杰
出 品 人：	刘　刚
图 书 策 划：	蓝色畅想
责 任 编 辑：	吴建新　关山美
装 帧 设 计：	胡椒书衣
责 任 审 读：	付德华
责 任 印 制：	迈致红
出 版 发 行：	中华工商联合出版社有限责任公司
印　　　刷：	北京市兆成印刷有限责任公司
版　　　次：	2023年5月第1版
印　　　次：	2023年5月第1次印刷
开　　　本：	710mm×1000mm　1/16
字　　　数：	204千字
印　　　张：	15
书　　　号：	ISBN 978-7-5158-3632-4
定　　　价：	56.00元

服务热线：010-58301130-0（前台）
销售热线：010-58302977（网店部）
　　　　　010-58302166（门店部）
　　　　　010-58302837（馆配部、新媒体部）
　　　　　010-58302813（团购部）
地址邮编：北京市西城区西环广场A座
　　　　　19-20层，100044
http://www.chgscbs.cn
投稿热线：010-58302907（总编室）
投稿邮箱：1621239583@qq.com

工商联版图书
版权所有　盗版必究

凡本社图书出现印装质量问题，请与印务部联系。

联系电话：010-58302915